인간의 이야기에 깃든
하느님의 말씀

Jean Louis Ska
LA PAROLA DI DIO NEI RACCONTI
DEGLI UOMINI
© CITTADELLA EDITRICE - ASSISI
1ª edizioni: 1999
3ª edizioni: 2010

Korean edition © 2016 Living with Scripture Publishers, Seoul, Korea. The Korean edition trans. by Prof. M. S. Park is published by arrangement with CITTADELLA EDITRICE - ASSISI.

인간의 이야기에 깃든 하느님의 말씀

장 루이 스카 지음
박문수 옮김

성서와함께

— 머리말

필자는 1999년 2월과 4월, 로마와 제네바에서 열렸던 두 번의 세미나에서 강의하고 토론한 내용을 대중에게 알리고, 그들이 쉽게 접할 수 있도록 하려고 이 책을 썼다. 본래 성경 해석에 관한 새로운 해설을 소개하려고 열린 그 세미나에서 숱한 논쟁과 토론이 벌어졌다. 거기서 다루어진 많은 주제 중 하나가 바로 성경이 전해 주는 '이야기들'(Storie)과 현대 사회가 정의하는 '역사'(Storia)에 관한 것이었다. 다시 말해, 신뢰할 수 있는 기록과 증거들의 바탕 위에서 역사성을 확인할 수 있는 사건으로 정의되는 '역사'와, 성경이 전해 주는 '이야기들'의 연관성을 규정하려고 시도한 것이다.

　우리가 다루어야 할 문제는 상당히 예민한 사안이었다. 왜냐하면 전통 신학의 입장에서 성경의 하느님은, 신화의 허구와 상상에 속하는 이방인의 신들과 달리 역사에서 활동하시는 하느님으로 단언되기 때문이다. 마찬가지로 그리스도교 신학에서도 '신앙 진술의 역사적 토대를 확증할 수 있는가?'라는 것은 근본적이고 본질적인 문제가 된다. 믿는 이들에게 '그리스도의 육화肉化'와 같은 교의는 어떤 모양으로든 증명될 수 있는 구체적인 역사와 강한 연결고리를 필연적으로 가져야 한다는 점에서 이러한 사실은 쉽게 이해될 수 있을 것이다. 실제로 신약성경의 핵심 내용은 전설이나 사색, 또는 추상적 이론이 아닌, 첫 목격자들이 체험한 사실에 바탕을 두고 있다. 요한은 첫 번째 서간의 서두에서 이를 다음과 같이 진술한다. "처음부터 있어 온 것, 우리가 들은 것, 우리 눈으로 본 것, 우리가 살펴보고 우리 손으로 만져 본 것, 이 생명의 말씀에 관하여 말하고자 합니다"(1요한 1,1).

구약성경에서도 상황은 그리 다르지 않다. 구약성경에서 하느님은 종종 자신을 다음과 같이 소개한다. "나는 너를 이집트 땅, 종살이하던 집에서 이끌어 낸 주 너의 하느님이다"(탈출 20,2). 만일 이러한 진술이 어떤 구체적인 현실, 또는 어느 모양으로든 확인될 수 있는 어떤 사건과 일치하지 않는다면, 이스라엘 백성의 신앙은 견고한 바위가 아닌 움직이는 모래 위에 세워진 것처럼 보일 수밖에 없을 것이다. 구약성경은 하느님을 역사의 모든 사건에서 당신 백성을 이끄시는 분으로 소개한다. 따라서 여기에서도 '신앙'과 '역사'의 연관성은 본질적인 것으로 나타난다.

다른 한편, 종종 출판계 안에서조차 반향을 일으키는 최근의 여러 학문은 성경 이야기를 '역사'의 이야기, 즉 일어난 사실의 정확한 보고서로 받아들이는 것이 점점 더 어려워지고 있다고 주장한다. 그렇다면 성경 이야기들의 기본적인 '역사성'을 주장하며 관습적 입장을 계속 변호해야 할까? 아니면, '역사적'이라고 말할 수 있는 것을 거의, 아니 전혀 담고 있지 않은 것처럼 보이는 모든 '성경의 역사'에 대해 자유롭게 비판하고 비평하며 기존의 입장을 포기해야 할까?

모두가 알고 있듯이, 올바른 입장은 극단주의를 피하는 것이다. 이는 성경 주석의 영역에서도 유효하다고 말할 수 있겠다. '문서'로서의 성경에 대한 정확한 이해 없이 논쟁만을 일으키는 것은 문제를 해결하는 데 전혀 도움이 되지 않기 때문이다. 일반적으로 완고하거나 너무 과도한 주장 역시 그 입장을 오랫동안 지속시키지 못한다. 따라서 우리에게는 '중도의 길'을 찾는 것이 필요하다. 이 책이 제시하고자 하는 것이 바로 그 길이다.

그 '중도의 길'로 여행을 떠나기 위해 먼저 몇 가지 필수적인 도구로 우리 자신을 준비시킬 필요가 있겠다. 첫 번째는 지난 세기에 성경 연구 분야에서 이루어진, 성경의 역사에 대한 연구를 '이해'하는 일이라고 할 수 있다. 지난 세기에 많은 학자가 '역사성'이란 관점에서 성경을 연구하였는데, 그들에게 성경 이야기들은 그 이야기들이 서술하고 있는 '이야기의 세계'(mondo del racconto)보다 '저자들의 세계'(mondo degli autori)에 대해 오히려 더 많은 것을 드러내 보여 주었다. 다시 말해 우리가 성경을 읽을 때 도달할 수 있는 '역사'의 첫 번째 단계는 성경 이야기가 말하는 역사가 아니라, 바로 그것을 쓴 저자들의 역사라는 것이다. 따라서 성경 이야기들은 무엇보다 그것을 쓴 저자들의 걱정, 관심, 논쟁 그리고 그들 시대의 세계관을 보여 준다. 조금 극단적으로 들릴지도 모르겠지만 예를 들어 간단히 설명하자면, 이러한 사실을 정확히 파악하고 그러한 흐름을 따르는 학자들은 마태오 복음서가 '예수가 팔레스티나에서 무엇을 설교했는가?'보다, '마태오가 속했던 공동체에서 무엇이 또 어떻게 설교되었는가?'를 오히려 우리에게 더 많이 전해 준다고 말할 것이다. 쉽게 이해될 수 있는 예를 한 가지 더 들어 보자. 창세기 1장의 창조 이야기는 '하느님이 세상을 어떻게 창조하셨는가?'를 정확하게 묘사하지도, 또 거기에 초점이 맞추어져 있지도 않다. 그보다 오히려 창세기 1장의 저자들 곧 기원전 6세기의 사제계 저자들이 지녔던 세계관을 우리에게 설명해 준다고 말할 수 있다.

성경의 역사에 대한 이러한 연구를 적절하고 신중한 태도로 먼저 이해해야 한다는 데에는 어느 누구도 의문을 제기하지 않을 것이다. 누군가 이러한 이해를 다룬 '길잡이'의 사용을 무턱대고 거부한다면, 위에서 말한 이해와 견해를 결코 통찰해 낼 수 없을뿐더러, 현대 세계에서 성경을 합리적으로 해석하며 이를 진보적으로 발전시켜 가는 흐름에 동승하는 데에도 어려움을 겪을 것이다. 어쨌든, '이야기의 세계'와 '저자들의 세계'에 대한 간단한 구분은 성경 연구에서 기초적이고 근본적인 요소이다. 따로 분명하게 거론되거나 활용되지 않을 수도 있겠지만, 우리가 앞으로 진행하게 될 연구에서 이 구분이 언제나 배후에 존재한다는 데에는 의심의 여지가 없다.

두 번째로 갖추어야 할 유용한 도구는 어느 정도의 '비판 능력'일 것이다. 긍정적 의미에서 현대 세계는 '비판적'이다. 말하자면 오늘날 합리적이라 불리는 사람들 중 성경을 '순진한' 방식으로, 유아기적 사고방식으로 읽는 사람은 없다. 동시대를 살아가는 사람들로부터 멀어진 채, 무엇보다 현존하는 인류의 근원을 정확하고 정직하게 성찰하려는 현대 세계의 요구를 무시한 채, 더 이상 성경을 근본주의적 사고방식 아래 '문자적으로' 이해할 수는 없다. 오늘날 누군가 삶의 의미를 찾고 있다면 그가 그리스도인이든 비非그리스도인이든 간에 이미 과거에 주어진 해답에, 대중적인 장소에, 정형화된 '만능 열쇠'에 만족할 수는 없다. 마치 계절이나 기후, 나라나 그 나라가 위치한 지역에 상관없이 이미 준비되어 있고 일반화되어 있으며 표준화되어 있는 음식을 먹기 위해 패스트푸드 음식점에 가는 것처럼, 성경을 더는 그렇게 읽거나 이해할 수는 없다.

성경은 이미 확인된 질문에 '이미 준비된' 답을 제공해 주지 않는다. 오히려 일정한 거리, 즉 사물을 올바른 전망에서 바라볼 수 있게 해 주는 일정한 '비판적 거리'를 유지하라고 요구한다. 성경은 오래 전에, 우리와 다른 세상에서, 다른 문화에서, 옛 세상의 갖은 질문에 대답하기 위해 쓰였다. 동시에 그것이 지금 우리의 신앙, 우리 그리스도교 문화의 기원을 이루고 있다는 것 또한 사실이다. 따라서 '비판적 거리'를 유지하면서 모든 것을 그에 맞는 적당한 시대 속으로 되돌려 놓을 때에만 성경이 우리에게 전해 주고자 하는 것이 무엇인지를 제대로 이해할 수 있게 된다. 올바른 대답을 얻기 위해서는 올바른 질문을 할 줄 알아야 한다. 물론 그 이후에 성경이 주는 메시지를 현실화할 수 있을 것이다.

하지만 성경의 언어가 현대의 언어와 똑같을 것이란 생각, 예를 들어 성경에 쓰인 단어와 형상이 지금 시대에도 똑같은 의미를 지닐 것이란 생각은 근본주의의 환상에서 오는 위험한 착각이란 사실도 잊어서는 안 될 것이다. 또 무언가를 저술하는 방식과 그것을 이야기하는 방식은 전혀 다르다. 따라서 '역사'를 이해하는 방식과 그것을 저술하는 방식 역시 전혀 다르다는 사실도 함께 기억해야 할 것이다. 이 책을 통해 우리가 원하는 목표에 도달하기 위해서라도 이러한 사실들을 끊임없이 염두에 두어야 한다. 이러한 노력을 계속 해 나가는 사람만이 그가 성경으로부터 길어 올린 새로운 지혜의 풍부함과 풍요로움을 세상 사람들에게 전달하고 또 그들과 함께 공유할 수 있을 것이다.

여행을 떠나기에 앞서 배낭에 챙겨야 할 세 번째 도구는 모험에 대한 왕성한 욕구라 할 수 있다. 여기서 말하는 욕구는 다름 아닌 발견에 대한 욕구, 지적이고 영적인 다소간의 호기심, 미지의 땅을 탐험하고 완전히 새로운 지역을 가로지르고자 하는 욕구를 말한다. 이는 당연히 다가올 모험의 위험성을 판단하고, 또 그것을 무릅쓰겠다는 다짐을 수반한다. 위험을 두려워하는 자는 참된 삶의 진의를 맛볼 수 없기 때문이다. 복음서는 "제 목숨을 보존하려고 애쓰는 사람은 목숨을 잃을 것이다"(루카 17,23)라고 말한다. 나아가 "나 때문에 제 목숨을 잃는 자는 그것을 다시 얻을 것이다"라고 덧붙인다(마태 10,39; 16,25; 마르 8,35; 루카 9,24 참조). 누군가 자신의 표면적인 확실성이나 깨지기 쉬운 안전성을 버릴 준비가 되어 있지 않다면, 하느님의 말씀이라고 하는 진정한 향연을 결코 맛볼 수 없을 것이다.

모험에 대한 욕구는 나아가 '자유로움'[1] 이라는 또 다른 요소를 요구한다. 진정으로 무언가를 발견하고자 원하는 사람은 자신이 발견한 것으로 즉각적인 이득을 취하려고 해서는 안 된다. 모험을 떠난 이가 매 순간 '이게 무슨 이득이 되지?' 하고 묻거나, 매번 모든 사물을 그에게 유용한 것으로 이용하려 하거나, 더 나아가 오로지 그에게 유익한 것만을 찾으려 한다면, 그 자신의 영적인 삶을 위해서든, 금전적 이익을 위해서든 차라리 집안에 머물러 있는 편이 더 나을 것이다. 만일 그렇다면 이 책을 이용하지 말라고 권하고 싶다. 그런 의도를 가진 사람에게 이 책은 지나치게 까다롭거나, 아니면 소모적이고 괴롭기까지 한 긴 여정을 강요할 것이기 때문이다.

반면, '자유로움' 안에서 무언가를 찾고 이해하려는 사람에게 이 모험은 언제나 열려 있다. 성경 본문의 참된 의미를 발견한다는 것은, 부분적이거나 이미 시대에 뒤떨어진 시각을 바로잡을 수 있다는 것은, 나아가 그 자신의 믿음이나 그리스도교 공동체의 이상이 지닌 진정한 의미를 깊이 조명할 수 있다는 것은, 실로 기쁨이요 진정한 즐거움이기 때문이다. 이 모험은 하느님의 말씀이 오로지 '나에게 유익하기 때문'이 아니

---

[1] '무상無相, 즉 모든 집착을 떠나 초연한 경지'라는 의미에서의 자유로움을 말한다.

라, 오히려 그 말씀 자체로 가치 있다는 것을 깨달은 자에게 열려 있다. 이 세상의 참된 것들은 그 자체로 가치를 지닌다. 클레르보의 성 베르나르도는 '사랑은 그 자체가 보답이다'라고 말했다. 올바르고, 충실하며 정직한 지성의 노력에도 똑같은 말을 적용할 수 있을 것이다.

마지막으로, 마음속에 상당한 신뢰를 갖추는 것이 필요하겠다. 하느님의 말씀에 대한 신뢰, 하느님 그분에 대한 신뢰, 하느님의 교회와 그리스도교 공동체의 유산인 '참된 의미의 신앙'에 대한 신뢰 말이다. "누구든지 찾는 이는 얻는다"(마태 7,8; 루카 11,10 참조)라고 복음서는 말한다. 진리를 찾는 이는 결코 실망하지 않을 것이다. 더불어 요한 복음은 말한다. "진리가 너희를 자유롭게 할 것이다"(8,32). 성경 주석의 세계에서 모험하는 자는 상당히 일반화된 몇몇 대중적 확신 역시 쉽게 그 기반을 잃을 수 있다는 사실을 잘 알고 있다. 손댈 수조차 없이 강하게 보였던 것들이 뜻밖에도 어느 순간 깨지기 쉬운 것으로 드러난다. 하지만 참된 신앙은 지속적인 연구, 영속적인 탐구라 말할 수 있다. 일반적인 경험의 내용과 그중에서도 특별히 신앙 안에서 하게 되는 경험의 내용을 결코 다 담아낼 수 없는 형식을 절대 변하지 않는 확실성과 혼동해서는 안 된다. 우리의 하느님이 진리의 하느님이요 해방의 하느님이라면, 우리가 하려는 여행 중에 무언가 본질적인 것이라 여겨 왔던 것을 잃게 된다 하더라도 두려워할 이유가 전혀 없다. 이 모험의 여정 가운데 우린 단지 더 이상 쓸모없게 된 것만을 잃게 될 것이다. 그리고 그것이 쓸모없게 되었다면, 그건 다른 한편으로 오래 전부터 그래 왔다는 반증이기도 할 것이다. 신앙은 오로지 엄밀한 성경 해석의 연습을 통해, 견고한 진리를 찾고자 하는 이러한 연구를 통해 확고해진다. 우리의 신앙은 우리의 몸과 같다. 몸을 튼튼하게 만들기 위해서는 운동을 해야 한다. 운동을 하지 않는다면 우리 몸이 그렇게 되듯 신앙도 허약해질 수밖에 없다. 신앙을 견고하게 해 주는 운동 가운데 하나가 바로 현대 과학과 저술의 세계가 던지고 있는 질문들을 솔직하고 침착하게 직면하는 것이다.

나에게 남아 있는 유일한 과제는, 이 책을 사용할 독자들과 이천 년 또는 그보다 더 오래되었을 낡은 책의 책장들 사이에서 탐험과도 같은 즐거운 여행을 준비하고 있는 사람들에게 행운을 빌어 주는 일이다. 힘들겠지만 결코 잊지 못할 기억이 함께할 그 모든 여정 후에 안전하고 무사하게 집으로 돌아오길 기원한다.

차례

머리말 5

1장 | 이야기들(Storie)을 이야기하는 것과
역사(Storia)를 저술하는 것 21

   1. 고대의 역사와 텔레비전의 세상 22

   2. 고대의 역사와 미켈란젤로의 피에타 상 24

   3. 성경 이야기들의 '진리' 25

   4. 역사(Storia)와 이야기들(Storie) 26

     1) 예수의 세례 26

     2) 소설을 쓰는 것 또는 소설처럼 쓰는 것? 29

     3) 현대의 역사 편찬 30

     4) 불타는 떨기 32

     5) 예수의 번민 33

     6) 바다 횡단 34

2장 | 창조, 대홍수, 바벨 탑.
기원에 대한 이야기와 이야기의 기원 37

   1. 세상의 창조(창세 1-2장) 38

      1) 역사의 시작과 세상의 시작 41

      2) 이스라엘의 하느님과 다른 나라의 신들 43

      3) 선과 악, 행복과 불행 45

      4) 민족의 우열, 사람의 평등 46

      5) 공간보다 우월한 시간 47

   2. 대홍수 이야기(창세 6-9장) 50

   3. 바벨 탑 이야기(창세 11,1-9) 55

3장 | 아브라함과 선조들, 역사 속 실존 인물인가?
전설 속 상상 인물인가? 58

   1. 선조들의 이야기와 '이스라엘 역사'의 시작 58

   2. 선조들의 역사성 또는 선조 시대의 역사성? 60

      1) 역사에 남겨진 선조들의 빈약한 흔적 60

      2) 선조 시대의 역사성? 61

      3) 고대 '선조들의 신앙'? 또는 한 '가족의 신앙'? 62

      4) 유목민들의 세상과 역사 66

    5) 선조들과 이집트 67

    6) 선조들의 역사성을 위한 논거 71

  3. 중요한 몇몇 문서의 편집 시기 73

  4. 이야기의 목적 76

    1) '전설들'과 '전설적인' 인물들 76

    2) 정보 전달(Informare)인가?

       의식과 지각의 형성(Formare)인가? 77

    3) 왜 이스라엘 선조들에 대해 말해야 하는가? 78

4장 | 모세, 다윗 시대 이전의 영웅에서
유배 이후 이스라엘의 설립자로 81

  1. 성경 이야기의 역사적 윤곽 82

  2. 모세 83

  3. 이집트에서 히브리인들의 종살이(탈출 1장; 5장) 85

  4. 이집트 재앙(탈출 7-12장) 88

  5. 이집트 탈출과 바다 횡단(탈출 13-15장) 93

    1) 파피루스 아나스타시 5와 다른 문헌 93

    2) 기록의 부재와 그 이유 94

    3) 이집트 탈출의 여정 95

4) 바다 기적 97

    5) 말(馬)에 신경과민적인 성경의 하느님 99

  6. 광야 체류 103

    1) 40년 103

    2) 광야에서 행해진 기적 104

    3) 광야 체류 107

    4) 시나이 산 112

    5) 모세의 법 114

5장 | 땅의 정복과 유목민들의 정착:
      피지배계층의 반란 또는 사회적 진화? 120

  1. 여호수아기와 고고학 120

    1) 여호수아기의 역사적 문제 121

    2) 여호수아기와 '영웅 서사시적' 문학 양식 121

  2. 이스라엘 민족의 가나안 땅 정착에 대한 이론들 125

    1) 군사적 정복 125

    2) 반유목민들의 점진적 정착 126

    3) 가나안 성읍들에 대항한 피지배 계층의 반란 127

    4) 이론들에 대한 비판과 균형 131

5) 메르네프타 비석 137

6) 하삐루인들과 히브리인들 142

7) 필리스티아인들과 바다 민족들 144

8) 결론 145

3. 여호수아기의 하느님과 예수 그리스도의 하느님 147

1) '전쟁 영웅' 여호수아 148

2) 영웅 서사시의 문학적 관습 150

3) 영웅 서사시적 문학 양식이 지닌 위험성 152

6장 | 다윗과 솔로몬:
거대한 왕국의 왕 아니면 작은 지방 부족의 조상? 153

1. 판관기 153

2. 다윗과 솔로몬 왕국 155

1) 다윗과 솔로몬:

거대한 왕국의 임금? 혹은 지방 부족의 작은 족장? 155

2) 단 비문과 '다윗 집안' 161

3. 르하브암, 예로보암, 그리고 이집트 임금 시삭 163

4. 북 왕국(이스라엘 왕국)과 오므리의 나라 164

1) 북 왕국에 새 왕가를 세운 오므리 임금 164

2) 아합 임금과 아시리아 제국의 첫 번째 접촉 166

　　3) 메사 비석 172

　　4) 단 비문 176

　5. 예후 왕국 178

　6. 이스라엘 임금, 여호아스의 조공(기원전 798-783) 187

7장 | 국제정치의 소용돌이 속의
이스라엘 왕국과 유다 왕국 192

　1. 북 왕국 이스라엘의 종말 192

　2. 사르곤 2세의 필리스티아 원정 195

　3. 산헤립(기원전 705-681)의 유다 전쟁(기원전 701) 197

　　1) 전쟁 이전의 사건들 197

　　2) 히즈키야가 방어선을 구축하다 199

　　3) 기원전 701년 아시리아의 유다 전쟁 204

　　4) 귀납적 성찰 몇 가지 228

맺음말 233

간략한 참고 문헌 238

간략한 연대표 242

1장

이야기들(Storie)을 이야기하는 것과 역사(Storia)를 저술하는 것

성경은 전통적으로 시작과 장황한 전개 그리고 끝이 있는 이야기들의 책, 또는 역사책으로 여겨져 왔다. 성경이 말하는 역사의 시작은 세상의 창조와 일치하고, 그 역사의 끝은 기원후 1세기 로마 제국에서 복음을 설교하는 것에 부합한다. 오히려 요한 묵시록의 마지막 장들에서 성경은 모든 역사의 아름다운 마지막, 곧 세상의 끝을 미리 묘사하고 있다고 말할 수 있을 것이다. 간략히 말해서, 성경은 세상의 시작부터 그 끝까지의 전체 역사를 담고 있다고 말할 수 있다. 역사는 부분적이고 단편적이며, 어떤 경우에도 완벽함을 의미하지 않는다. 하지만

이 세상의 본질적인 것에 대해 말하고자 한다. 따라서 역사는 세상이 어떻게 창조되었는지, 어떻게 구성되어 있는지, 왜 존재하는지, 우주에서 인류의 소명이 무엇인지, 우리가 알고 있는 세상이 어떻게 끝날 것인지를 알고 있다고 말한다. 성경에서 이야기하는 역사는 바로 우리 세상의 역사이고, 또 우리의 역사이기도 하다. 특히, 그 역사는 예수 그리스도 안에서 주어진 구원을 인류가 긴 세월에 걸쳐 어떻게 찾았는지를 이야기해 준다.

수세기 동안 이러한 주장들은 그리스도교 세상에서 아무런 문제도 일으키지 않았다. 하지만 오늘날 비판 정신이 탄생하면서 상황은 바뀌었고, '성경에서 이야기하는 역사'와 '실제 역사' 사이의 관계가 어떠한지를 묻는 것이 당연하고 필연적인 사안이 되었다. 사실상 성경이 말하는 것이 실제로 일어난 일인지 그렇지 않은지를 알고자 하는, 간단하면서도 근본적인 질문이 솟아오르고 있다. 즉, 성경에서 이야기하는 '역사'가 과연 신뢰할만한 것인지를 정확하게 따져 보려는 것이다.

1. 고대의 역사와 텔레비전의 세상

오늘날 이러한 질문을 던진다는 것은 현실 앞에서, 그리고 그 현실이 우리에게 만들어 준 이미지들 앞에서 우리의 지극히 통상적이고 무의식적인 입장 중 하나에 의문을 제기한다는 것을 의미한다. 실제로 현대 세계는 정보를 교환할 수 있는 수단으로 가득 차 있다. 가장 대표적인 것으로 텔레비전을 들 수 있다. 이러한 정보 교환 수단들은 진실을 전해 주는 듯한 영상이나 사진을 제시하고 있다는 점에서 현실에 충실한 이미지를 제공해 줄 수 있다는 환상을 일으킨다. 그래서 대다수 사람들은 텔레비전에서 보는 모든 것이 실제 세상을 보여 주는 사진이라 믿는다. 하지만 이러한 이미지들은 부분적이거나 어떤 의도 아래 선택된 것일 수 있고, 나아가 그 이미지 뒤에 세부적이고 특별한 사실들이 숨겨져 있을 수도 있다. 우리는 그 이미지들이 체로 걸러지듯 감별된 것이고, 그 영상들의 각도나 배치가 이미 많은 연구를 통해 얻어졌으며, 더욱이 그 이미지들의 연속 장면이나 그 장면의 순간이 순수한 사건과 상황이 아닌, 어떤 의도 아래 만들어지고 계획된 것임을 너무나 종종, 너무도 빠르게 잊곤 한다. 물론 촬영되거나 이미지화된 현실이 언제나 그 현실의 진실한 부분을 어느 정도 보유한다는 것 또한 사실이다. 그러나 우리는 이미지들과 그 이미지들의 현실 사이에 어떠한 거리도 존재하지 않는다고 너무도 쉽게 믿는다.

2. 고대의 역사와 미켈란젤로의 피에타 상

여기에서 이러한 사람들의 확신에 대해 – 물론 이 순간이 적절할 수도 있겠지만 – 이의를 제기하고 논쟁하려는 것은 아니다. 나는 무엇보다 이러한 자세로 성경을 대하는 사람들의 태도가 정당한지에 대해 의문을 제기하고자 한다. 성경이 우리에게 보여 주는 역사는 텔레비전이 보여 주는 영상과는 다른 것이다. 성경에서 이야기된 사건을 마치 작은 모니터를 바라보듯 그렇게 이해할 수는 없다. 사실 사건과 성경에서 발견되는 그 사건의 묘사 사이에는 가끔 상당한 거리가 존재한다. 미켈란젤로는 마리아와 예수를 직접 모델로 취해 피에타 상을 조각할 수 없었다. 마리아와 예수가 그보다 15세기를 앞서서 살았기 때문이다. 마찬가지로 성경의 저자들 – 특히 구약성경의 저자들 – 역시 그들이 저술하는 사건들보다 훨씬 후대에 이르러 그것들을 글로 작성하게 된다. 다른 한편으로, 미켈란젤로의 피에타 상은 아들의 죽음과 고통에 참여하고 있는 마리아에 대해, 언론인의 간단한 보고서가 똑같은 형식이나 똑같은 강렬함으로 결코 담아낼 수 없는 그 어떤 것을 표현하고 있다. 게다가 미켈란젤로는 이 장면이나 이와 비슷한 모습을 자기 시대의 감각에 맞게 표현해 왔던 예술가들의 오래된 유파의 한 부분을 이루고 있다.

실제로 성경 이야기들은 신문 기사나 텔레비전 뉴스보다는 미켈란젤로의 피에타 상 같은 예술 작품에 훨씬 더 가까워 보인다. 그 목적이 충실하고 상세하며 정확하게 사건을 보도하려는 데에 있다기보다는, 오히려 그들이 서술하고 있는 사건들의 근본 메시지를 전달하려는 데 있기 때문이다. 간단히 말하자면, 성경 이야기들은 정보의 전달(informare)보다 메시지 전달을 통한 양성과 교육(formare)에 초점을 둔다고 할 수 있다. 우리가 사는 이 세상에 '실제 사건'이 존재한다면, 성경의 세계에선 그 '실제 사건'보다 이야기된 사건의 '의미'가 더 중요하게 다뤄진다는 것이다. 따라서 성경 본문이 역사의 '실제'와 갖는 관계는 매우 복합적이며, 그것은 분명 텔레비전 뉴스가 사건의 실제성과 갖는 관계보다 훨씬 더 복합적인 것이라 말할 수 있다.

3. 성경 이야기들의 '진리'

따라서 이 책의 과제는 두 부분으로 나뉜다. 하나는 '성경의 역사'란 표현이 가진 의미를 교정하는 것이고, 다른 하나는 우리가 성경에서 발견하는 '진리'가 어떤 종류인지를 더 분명하게 정의하는 것이다. 이 두 가지 목적에 도달하기 위해, 그리고 성경이 노트와 사진기를 가지고 사람과 사건을 추적하는 기자들에 의해 쓰이지 않았다는 것을 확신하기 위해, 우선 성경의 역사와 그것에 대해 학자와 역사가, 고고학자들이 제공해 줄 수 있는 기록물을 서로 비교해 볼 필요가 있겠다. 창조 이야기부터 시작하여 성경의 모든 이야기를 다시 살펴보고, 성경의 주장이 동시대의 여러 기록물로 확증될 수 있는지 없는지를 자신에게 스스로 물어볼 필요가 있다는 것이다.

4. 역사(Storia)와 이야기들(Storie)

위에서 언급했듯이, 성경이 사건에 대해 이야기하는 방식은 텔레비전에서 보는 뉴스의 제작 방식과 전혀 다를 뿐만 아니라, 현대의 역사가들이 사건을 진술하는 방식과도 다르다. 이를 더 쉽게 설명하기 위해 한 가지 예를 들어보자.

1) 예수의 세례

공관복음 세 권(마태오, 마르코, 루카 복음)이 전해 주는 예수의 세례 이야기에 의하면, 하늘이 열리고 성령이 비둘기 모양으로 이제 막 세례를 마치고 물에서 올라오는 예수 위에 내린다.

헌데, 누가 이 비둘기를 보았는가? 이 세 복음서에 의하면, 오직 예수만이 그것을 보았다. 만일 그렇다면 곧바로 다른 질문이 제기될 수 있겠다. '복음사가들은 어떻게 이 사실을 이야기할 수 있었을까?' 이에 대해 즉시 아주 간단하게 내놓을 수 있는 대답은 '아마도 예수님 본인이 이 사실을 제자들에게 이야기해 주었을 것이다'이다. 하지만 한 가지 문제가 여전히 남는다. 문체에 관한 간단한 의문이 바로 그것이다. 즉 복음서의 이 이야기가 1인칭이 아닌 3인칭 시점으로 서술되어 있다는 점이다. 게다가 복음사가들은 "예수님께서 세례의 그 순간에 비둘기 모양으로 성령이 당신 위에 내리는 것을 보았다고 나에게 말씀하셨다"라고 기록하지 않았다. 이 이야기의 저자는 예수가 아니라, 그 사건을 눈으로 직접 본 목격자인양 말하는 어떤 사람이다. 하지만 세례 이야기 어디에도, 예수를 제외한 그 어떤 누군가가 이러한 현상을 보았다거나 볼 수 있었다는 언급은 찾아볼 수 없다. 어쨌든 모든 가능성을 열어 둔다고 해도, 예수의 제자들이 그 자리에 있을 수는 없었을 것이다. 예수가 세례 사건 이전이 아니라 그 이후에 그들을 제자로 불렀기 때문이다. 게다가 마르코와 루카는 훨씬 더 늦게, 곧 부활 사건 이후에야 제자가 되었다. 따라서 이 이야기는 독자들로 하여금 하나의 불가능한 일을 생각하게 한다. 만일 예수가 그 자리에서 비둘기 모양의 성령을 볼 수 있었던 유일한 사람이었다면, 어느 누구도 "예수가 성령을 보았다"라고 말할 수 없을 것이다. 예수를 제외한 어느 누구도 그 순간에 일어난 일을 볼 수 없었을 뿐만 아니라, 예수가 그 상황을 누군가에게 이야기했다는 내용 역시 성경에서 찾아볼 수 없기 때문이다.

이 문제에 대해 다른 방식으로 접근해 본다면, 우리는 복음사가 시대에 일반적으로 사용되고 통용되던 이야기 방식과 그 이야기를 저술하는 방식을 대면하고 있다고 말할 수 있다. 이러한 이야기 저술 방식은, 저널리즘이나 역사 편찬의 세계가 아닌, 소설이라는 장르에서 오늘날에도 여전히 통상적으로 사용된다. 소설의 세계에서 저자는 독자들에게 소설의 주인공이 홀로 남겨진 독방에서 무슨 생각을 하고 있는지를 서슴없이 말할 수 있다. 저자는 우리로 하여금 그가 절대로 목격하거나 입증할 수 없는 것들을 보게 하고 또 느끼게 한다. 하지만 누구도 그 장면이 아무런 목격자 없이 전개되었다는 이유로 저자에 대해 이의를 제기하거나, '이 저자가 말한 것은 모두 그가 꾸며 낸 것이다'라고 말하지 않는다. 왜냐하면 모든 독자는 그 소설가가 실제로 있었던 일을 이야기하려는 것이 아님을 잘 알고 있기 때문이다. 소설은 우리를 허구의 세상에 있게 하며, 그 안에서 묘사되는 세상 역시 절대로 현실의 세상이 될 수 없다. 그것은 창조된 세상이요, 소설가에 의해 형성된 세상이다. 그런데도 그 세상은 그럴듯한 세상이다. 다시 말해, 소설의 세상은 실제 세상과 매우 비슷한 세상이라는 것이다. 마치 소설의 인물들이 실제로 존재할 수 있는, 아니면 존재했을 수 있는 인물인 것처럼, 그 세상은 실제로 존재할 수 있거나, 아니면 이미 존재했을 수 있는 세상이다.

매우 단순한 이러한 소견은 말할 것도 없이 믿는 이들을 당혹스럽게 만든다. 그들에게 성경과 복음서들은 절대로 소설과 유사한 것, 곧 작가들의 상상력에서 유래한 이야기가 될 수 없기 때문이다. 그들에게 성경의 역사는 꾸며진 것이거나 전설이 아닌, 진정한 사실이다. 성경은 '실제로' 발생한 사건들을, 우리 신앙이 확실하게 그 기반을 내릴 수 있는 사건들을 이야기하고 있다. 구원의 역사는 '실제' 역사요, 그렇지 않다면 우리 신앙은 그 토대를 잃게 된다. 성경이 우리에게 말해 주는 사람들 역시 존재했던 실제 인물들이다. 그게 아니라면 우리는 상상과 망상을 믿고 있는 게 되기 때문이다.

이러한 딜레마에서 빠져 나오기란 참으로 어려운 일이다.

2) 소설을 쓰는 것 또는 소설처럼 쓰는 것?

이 시점에서, 우선 우리 자신을 안심시키기 위해, 나아가 성경에 대한 우리의 이해를 한층 더 증진시키기 위해 한 가지 중요한 '구별'에 대해 말해야겠다. '성경이 오늘날 현대 소설과 같은 작품에서나 발견할 수 있는 문학적 방법을 이용하고 있다' 고 하는 말이 '성경은 하나의 소설 작품이다'라고 말하는 것을 결코 의미하지는 않는다. 그 말은 단지 성경 저자들의 이야기 저술 방식이 연대기 작가나 신문 기자, 그리고 텔레비전의 언론인들의 방식보다는 현대 소설가의 방식에 더 가깝다는 의미일 뿐이다. 더 간단히 말해서 이러한 사실은 오직 성경 이야기의 '형식'에 관계될 뿐이지, 절대로 성경 이야기의 '내용'에 대한 가치판단을 의미하지 않는다.

3) 현대의 역사 편찬

그렇다면, 오늘날 사람들이 쉽게 이해하는 '역사'의 개념과 '성경 이야기' 사이의 진정한 차이는 무엇인가? 역사 곧 역사 편찬이라 불릴 수 있는 학문으로서 역사는 '기록'들과 '증인'들에 그 바탕을 두고 있다.

'기록'에는 쓰인 것도 있고, 그렇지 않은 것도 있다. 크거나 작은 주택, 무덤, 화살촉, 바위 위에 새겨진 글씨나 모닥불 주위에 남겨진 한 줌의 재조차 모두 사람들이 그곳에 살았음을 가늠하게 하는 기록이 될 수 있다. 이러한 기록으로부터 출발하여 - 물론 적합한 신중함과 필수적인 정확성과 함께 - 그것을 남긴 사람들의 초상화를 완성해 내는 것이, 그리고 그들이 살았던 세계를 재구성해 내는 것이 가능하다. 틀림없이 쓰인 기록들이 가장 큰 역할을 해 낼 것이다. 하지만, 사실을 왜곡하지 않기 위해서는 그 모든 기록이 비판 정신과 함께 읽혀야 한다. 신뢰할 수 없는 기록이 얼마나 많이 존재하는지를 우리는 이미 잘 알고 있기 때문이다.

오늘날 우리는 사진이나 영상, 녹음과 같은 매체에 대해서도 잘 알고 있다. 반면에 고대에는 여러 가지 다양한 형태의 초상이나 조각이 존재했다. 예를 들어, 최근에 몇몇 학자가 고대 근동에서 발견된 인장의 날인을 장기간 연구한 결과, 마침내 그것으로부터 그 시대 민간 신앙의 역사에 대해 매우 흥미로운 정보를 얻어 낼 수 있었다.

반면, '증인'은 사건을 눈으로 본 사람들, 즉 사건을 실제로 목격하거나 그 사건에 직접 연관되어 있는 사람들을 말한다. 물론, 사건을 실제로 보았던 이들의 증언들을 수집한 이들도 증인이 될 수 있다. 그러나 이러한 증인들의 진술은 언제나 사건을 직접 목격한 이의 증언에 반드시 그 토대를 두고 있어야만 한다. 바로 이러한 이유로, 역사는 개인적인 사건들이 아닌, 오직 공적인 사건에만 관여한다. 어떤 사람이 그의 작은 방에서 홀로 드린 기도는 역사의 한 부분을 차지하지 못한다. 그 사실에 대한 증인들이 없기 때문이다. 기록과 증인이 없을 때 역사가는 침묵한다.

하지만 성경을 읽는 독자는 그 이야기에서 종종 이런 역사 편찬이란 정의에 정확하게 일치하지 않는 것을 마주하게 된다. 그러나 이런 경우에도 대부분의 성경 독자는 그것에 대해 특별한 반응을 보이지 않는다. 그 이유는 성경의 그 이야기가 너무 잘 알려진 데다, 어느 누구도 성경 이야기에 비판적인 질문을 던지려 하지 않기 때문이다. 여기에서 잘 알려진 몇몇 성경 이야기를 소개하려 한다. 물론 그것들은 증인에 의해 직접 목격되거나 쓰인 것이 절대로 아니다. 따라서 이러한 예는 앞서 살펴보았던 예수의 세례 이야기와 매우 흡사한 면을 보여 줄 것이다.

4) 불타는 떨기

첫 번째 예로, 모세의 소명 이야기로 너무도 잘 알려진 불타는 떨기 장면(탈출 3,1-6)을 들 수 있다. 이 이야기의 등장인물은 둘, 곧 모세와 하느님이다. 그 둘 외에 누가 더 존재하는가? 아무도 없다. 그렇다면 누가 이 장면을 이야기할 수 있는가? '모세'라고 말할 수 있겠다. 하지만 이 이야기는 1인칭이 아닌 3인칭의 시점으로 전개된다. 여기에서도 이 이야기의 설화자는 그가 그 사건의 목격자인 '척'을 하고 있다. 말하자면, 무엇이 어떻게 일어나고 있는지를 이야기하기 위해 스스로 자기 자신을 그 사건의 시각적 증인으로 내세우고 있는 것이다.

5) 예수의 번민

또 다른 분명한 예를 신약성경에서 찾아볼 수 있다. 죽음을 앞두고 번민하며 예수는 '올리브 동산'에서 기도를 드린다. 마르코와 마태오 복음서의 독자들은 예수가 그 순간에 어떤 말로 기도를 드렸는지 알 수 있다. 그런데 그 순간에 누가 거기에 있었으며, 어떻게 예수가 한 말을 들을 수 있었단 말인가? 그 자리에는 예수 이외에 아무도 없었다. 마르코와 마태오 복음서에 의하면, 예수와 동행했던 세 제자는 그 순간에 잠을 자고 있었다. 특히 이 경우에는 예수 스스로 자신이 했던 기도의 내용을 제자들에게 전달해 주었으리라고 짐작하기조차 어렵다. 그가 곧바로 체포되었고 단죄되었으며 십자가에 못 박혔기 때문이다. 그때 제자들은 예수를 버리고 모두 달아나 버렸다. 여기서 복음사가들이 이 장면과 그 기도의 내용을 어떻게 기록해 낼 수 있었는지를 알아내는 것은 이제 그리 중요한 문제가 되지 않는다. 성경의 이 부분이 결코 예수를 따라다니며 그 순간에 예수가 한 말을 기록하던 연대기 작가에 의해 쓰이지 않았음이 분명하기 때문이다. 그건, 간단히 생각해도 분명 불가능한 일이다.

하지만 겟세마니의 이 장면이 전해 주고자 하는 '진실'은 – 어쨌든 그것이 하나의 진실을 담고 있을 것이기에 – 매일 아침 수많은 신문 기사가 전해 주는 현실의 그 '진실'과 결코 같을 수 없다. 따라서 성경 이야기들이 담고 있는 이 '진실'을 찾기 위해서는 복음사가들이 사용한 특별한 저술 방식에 대해 스스로 묻고 탐구해 볼 필요가 있다.

6) 바다 횡단

마지막 예로 탈출기의 바다 횡단 이야기(탈출 14장)를 들 수 있다. 성경 본문에 의하면, 이집트인들은 바닷물이 제자리로 되돌아오는 것을 보고 도망치려 할 때 다음과 같이 말한다. "이스라엘을 피해 달아나자. 주님이 그들을 위해서 이집트와 싸우신다"(탈출 14,25). 이 이야기의 '역사성'에 의문을 제기하고자 하는 사람은 여기에서 수많은 질문을 만나게 될 것이다. 사소하겠지만 첫 번째로 제기되는 문제는 언어에서 발견될 수 있다. 이집트인들은 분명히 이집트 말을 사용하였다. 하지만 탈출 14,25을 보면 이집트 군인들의 말이 히브리 말로 적혀 있다. 마치 그들이 히브리 말을 사용한 것처럼 말이다. 물론, 이는 그 시대에 통용되던 하나의 저술 관행이라 할 수 있다. 성경의 거의 모든 부분에서 같은 현상이 발견되기 때문이다.

하지만, 이집트인들 사이의 이 대화를 누가 들었는지를 알아내는 것은 조금 더 어려운 문제가 될 것이다. 이 이야기에 등장하는 이집트인들은 모두 죽었고, 때문에 그들 중 어느 누구도 다른 이에게 이 이야기를 전해 줄 수 없었을 것이기 때문이다(탈출 14,28: "물이 되돌아와서, 이스라엘 자손들을 따라 바다로 들어선 파라오의 모든 군대의 병거와 기병들을 덮쳐 버렸다. 그들 가운데 한 사람도 살아남지 못하였다"). 게다가 이집트인들과 이스라엘 사람들 사이를 구름이 가로막고 있었고, 거센 샛바람이 불고 있었으며, 더욱이 때는 밤이었다(탈출 14,19-21). 그리고 다음날 아침 이스라엘 사람들은 바닷가에 죽어 있는 이집트인들의 시신을 발견한다(탈출 14,30ㄴ). 그 밤에 과연 누가 무엇을 보고 무엇을 들을 수 있었단 말인가? 하지만 이 이야기의 설화자는 그의 독자들이 마치 그 자리에서 그 장면을 직접 목격하고 있는 것처럼 만들어 놓았다. 여기서 한 가지 사실이 분명해진다. 만일 불가능한 일이 아니라면, 바다 횡단 이야기 중 우리가 언급한 부분은, 적어도 그 글의 형식에 관한 한, 사건을 직접 목격한 사람의 보고서라기보다 하나의 '만들어진 장면'에 훨씬 더 가깝다고 말할 수 있다는 것이다.

결론적으로, 우리는 '역사'를 저술하는 데 다양한 방식이 존재한다는 사실을 받아들여야만 한다. 그리고 한 사건에 관해 그 사건을 이야기하는 설화자가 알 수 있었던 것과 알 수 없었던 것에 대해, 질문을 던져 볼 필요가 있겠다.

이 책은 독자의 이해를 도와줄 충실한 각주를 붙이지 않았다 (이 책에 나오는 각주는 모두 역자가 붙인 것이다). 이미 이 분야에 익숙한 사람이라면 앞으로 이 책에서 언급될 여러 저자와 저서를 찾는 데 어려움을 느끼지 않을 것이다. 이 분야에 아직 익숙하지 않은 독자 역시 생소한 이름과 책 제목, 또 앞으로 종종 만나게 될 낯선 언어 때문에 심한 혼동을 느끼지는 않을 것이라고 믿는다. 어쨌든, 이 책의 내용을 더 깊게 이해하길 원하거나, 관심 있는 특별한 분야에 관해 더 많은 정보를 얻기를 원하는 사람이 참고할 수 있는 도서 목록을 책의 끝 부분에 덧붙여 두었다.

2장

창조, 대홍수, 바벨 탑.
기원에 대한 이야기와 이야기의 기원

성경이 보여 주는 이야기의 형식이 어떤 것인지를 더 잘 이해하기 위해 좀 더 비판적인 시각으로 성경의 몇몇 중요한 부분을 조사해 볼 필요가 있다. 일을 단순하게 진행시키기 위해 오늘날 성경이 제시하는 이야기의 순서를 따르도록 하겠다. 따라서 창조 이야기로부터 이 여정을 시작해 보자. 이야기의 중요한 순간마다 우리는 다음과 같은 질문을 던질 것이다. '누가 이야기를 서술하고 있는가?', '이야기의 설화자는 그가 이야기하는 내용을 어떻게 알 수 있었는가?', '똑같은 사건을 진술하는 성경 밖의 문서가 존재하는가?', '만일 그렇다면, 성경 이야

기와 성경 밖의 문서의 차이점은 무엇인가?', '그 차이점을 어떻게 설명할 수 있는가?'

1. 세상의 창조 (창세 1-2장)

세상의 창조에 대해 우리는 무엇을 알 수 있는가? 사실 우리가 알고 있는 것은 지극히 적다. 아직 존재하지 않았던 세상에 대한 증거나 목격자가 존재할 수 없기 때문이다. 첫 번째 목격자는 당연히 인류가 창조된 이후에나 나타나게 된다. 따라서 하느님이 세상을 어떻게 창조하셨는지를 묘사하는 설화자는 결코 그 사건의 목격자가 될 수 없다. 특히 "한처음에 하느님께서 하늘과 땅을 창조하셨다"(창세 1,1)라는 유명한 말로 시작되는 세상 창조에 대한 창세기의 첫 번째 이야기(창세 1,1-2,3)의 경우에서는 더욱 그러하다. 이 이야기에서 하느님은 엿샛날에 이르러서야 인류의 첫 번째 남녀를 창조하시기 때문이다. 따라서 처음 닷새에 걸쳐 일어난 일을 이야기할 수 있으려면, 이 이야기의 설화자는 필연적으로 어떤 목격자도 자신의 눈으로 볼 수 없었던 일을 추정하거나 '상상'해 내야만 한다. 문학 비평의 전문적인 표현법으로 창세기 1장의 설화자는 '모든 것을 알고 있는 자'(onnisciente)이다. 다시 말해, 그는 평범한 사람이 절대로 가질 수 없는 여러 지식과 정보를 갖고 있다. 예를 들어, 이 설화자는 하느님이 생각하고 말하는 것이 무엇인지조차 알고 있다. 하지만 그는 자신의 그런 능력을 정당화하기 위해 어떤 방법을 찾지도 않을뿐더러, 독자들에게 자신이 그런 능력을 가지고 있다는 사실조차 알리려 하지 않는다. 이야기는 '그냥 그렇게 흘러간다.' 왜냐하면 이런 이야기 방식이 이미 일반적으로 통용되고 있었기 때문이다. 실제로 '전지적 설화자'(narratore onnisciente) 기법은 고대는 물론 현대의 소설 작품에서도 매우 자주 이용된다. 바로 여기에서 성경의 이야기와 보편적인 문학 기법의 첫 번째 접점을 발견할 수 있다. 이것만이 아니다. 창세기 1장의 형식은 세상의 기원에 대한 현대의 몇몇 이론과도 매우 유사한 모습을 보여 준다. 분명히 말해 두지만, 여기서 말하는 건 그 이론들의 내용이 아니라 오로지 그 형식에 관한 것이다.

하지만, 이것은 깜짝 놀랄만한 사실이기도 하다. 만일 우리가 과학자들에게 세상의 기원에 대해 질문을 던지고 그들의 답변을 듣고 있다면, 그들이 성경과 비슷한 도구들을 사용하고 있음을 깨닫게 될 것이기 때문이다. 즉 그들의 답변이 당연히 현 세상을 과학적으로 관찰한 데에서부터 시작하겠지만, 세상의 기원에 대해서만큼은 그들 역시 '상상'을 이용해야만 한다는 것이다. 우리가 살고 있는 이 세상이 어떻게 생겨났는지, 어떻게 형성되었는지 본 사람은 아무도 없다. 따라서 세상의 기원을 재건해 내기 위해서는 과학자들 역시 그들의 '상상력'에 호소해야만 한다. 사실상 창세기 1장의 저자도 그들과 아주 비슷한 방식으로 행동하고 있다. 물론 그는 오늘날의 과학자들이 지닌 지식을 결코 갖고 있지 않았다. 그의 표현법이나 그가 생각하는 방식은 과학자들보다 오히려 신학자나 시인들과 유사하다고 말할 수 있다. 하지만 이야기를 진행시켜 나가는 방식만큼은 과학자들과 동일하다. 다시 말해 창세기 1장의 저자 역시 현 세상에 대한 관찰로부터 시작해서 세상의 기원을 이해하고 재건해 내려고 노력한다는 것이다.

이 창조 이야기의 의도를 더 잘 이해하기 위해서는 이 이야기를 그의 역사적 배경에 접목시키는 일이 필요하다. 성경 주석자들 대부분은 몇 가지 확실한 근거를 바탕으로, 성경의 이 부분이 이스라엘의 바빌론 유배 시절(기원전 586-536)이나, 그 직후에 생겨났거나 쓰였다는 데 동의한다. 이와 관련된 여러 가지 근거 중 하나로 메소포타미아 신화의 영향을 염두에 두지 않고서는 창세기 1장을 온전히 이해하는 것이 불가능하다는 사실을 들 수 있다. 창세기 1장이 최초의 세상을 '물이 가득한 혼돈'으로, 다시 말해, 완전히 물에 뒤덮여 있고 어둠에 잠겨 있는 세상(창세 1,2: "땅은 아직 꼴을 갖추지 못하고 비어 있었는데, 어둠이 심연을 덮고 하느님의 영이 그 물 위를 감돌고 있었다")으로 묘사한다는 사실은, 그것이 전형적인 메소포타미아의 것임을, 즉 거대한 두 줄기의 강 사이에 존재하는 평야 지대인 메소포타미아를 암시하고 있음을 보여 준다. 따라서 창세기 1장이 묘사하고 있는 물이 가득한 '최초의 혼돈'은 이스라엘 땅의 그것일 수 없다. 왜냐하면, 이스라엘 땅은 물이 존재하지 않는 황무지로 대변되기 때문이다(창세기 2장에서 묘사한 최초의 세상이 이스라엘 땅의 모습과 일치한다. 창세 2,4ㄴ-5: "주 하느님께서 땅과 하늘을 만드시던 날, 땅에는 아직 들의 덤불이 하나도 없고, 아직 들풀 한 포기도 돋아나지 않았다. 주 하느님께서 땅에 비를 내리지 않으셨고, 흙을 일굴 사람도 아직 없었기 때문이다").

성경 본문이 전해 주고자 하는 특별한 메시지를 더욱 분명하게 이해하기 위해서는 이처럼 역사적 윤곽 안에서 본문을 다시 읽어 내는 것이 반드시 필요하다. 성경이 전해 주는 창조 이야기에서 강조되어야 할 다섯 가지 사항을 언급하면 다음과 같다.

1) 역사의 시작과 세상의 시작

메소포타미아 신화와 달리, 창세기 1장에서 인류 역사의 시작은 세상의 시작과 일치한다. 처음에는 이러한 사실이 그리 중요하게 여겨지지 않을 수도 있다. 그러나 그것이 결코 그렇지 않다는 것을 곧바로 알게 될 것이다. 대부분의 신화가 그렇듯, 메소포타미아 신화에서 '역사'는 세상의 창조와 인류의 창조 '이전에' 시작되고 있기 때문이다. 즉 세상과 인류의 창조에 앞선 '신들의 역사'로 그들의 역사가 시작된다는 것이다. 이 '신들의 역사'가 전해 주는 사건들은 인류 역사와 직접적으로 연관되어 있을 뿐만 아니라, 인류 역사의 운명을 미리 결정짓는 역할까지도 한다. 한 가지 예를 들어보자. 상당히 잘 알려진 메소포타미아의 '아트라하시스'(Atrahasis) 신화에 의하면, 인류는 상급 신들을 위해 일하기를 거부한 하급 신들을 대신하기 위해 창조되었다. 특히 이 하급 신들은 메소포타미아 평야를 경작하는 데 반드시 필요한 관개 운하를 건설하는 일을 거부했었다. 따라서 이 신화 이야기에 의하면, 인류의 운명은 그가 창조되기 '이전에' 이미 신들에 의해 결정되어 있는 것이 되고 만다. 창조된 순간부터 인간은 오직 그들의 운명, 즉 신들을 위해 일하고 제사를 바쳐 그들을 부양해야 하는 운명에 복종할 수밖에 없게 되어 있다는 것이다.

 그에 반해 성경에서는 인류가 사는 세상의 시작과 역사의 시작이 일치한다. 이 세상의 창조 이전에 '일어난' 일이라곤 아무것도 없다. 오직 하느님이 존재할 뿐이었고, 땅은 아직 꼴을 갖추지 못하고 비어 있었다(창세 1,2). 따라서 인류의 운명은 이 세상의 창조 이전이 아닌, 오직 이 세상이 창조되는 순간과 그 이후에 그 방향이 결정된다. 그러므로 인간의 자유는 메소포타미아 세계보다 성경에서 훨씬 덜 '예정되어 있다'고 말할 수 있다.

2) 이스라엘의 하느님과 다른 나라의 신들

이스라엘의 하느님은 세상을 창조하신 분으로, 이방인들의 신들, 특히 메소포타미아의 신들과 동일시할 수 없는 분이다. 성경의 이야기들은 창조주 하느님이 또한 아브라함의 하느님이요 이사악의 하느님, 야곱의 하느님임을 점진적으로 드러내 보여 준다. 나아가 바로 그 하느님이 당신의 백성 이스라엘을 이집트 땅에서 이끌어 내셨고, 역사의 수많은 사건을 통해 그들을 이끌어 가시는 하느님임을 말하고 있다. 그러나 현대의 독자들, 특히 신앙인들에게 너무도 평범하게 보일 수 있는 이러한 시각이 이스라엘 백성에게는 절대로 평범하고 당연한 것이 아니었다. 더욱이 그들이 메소포타미아의 문화와 종교, 즉 신들이 자기네가 창조한 세상 위로 주권을 펼치고 있는 다양한 창조 신화들을 대면해야만 하는 상황에서, 앞에서 말한 하느님에 대한 시각은 이스라엘 백성에게 전혀 분명하지도, 확실하지도 않은 것이었다. 메소포타미아 문화가 이스라엘 문화보다 훨씬 크고 우수하며 더 위대하였고, 게다가 그것은 전쟁에서 이스라엘을 패배시킨 승리자들의 문화였기 때문이다.

그럼에도 창세기 1장의 본문은 이스라엘의 하느님이 메소포타미아를 포함하여 다른 나라들의 그 모든 신보다 더 우월하다고 단언한다. 뿐만 아니라, 그러한 신들이 사실상 이스라엘의 하느님에 의해 '창조된 것'이라 말한다. 예를 들어, 별들은 창조의 넷째 날에 하느님에 의해 창조되었다(창세 1,14-19). 그런데 메소포타미아의 신들은 별들과 동일시되고 있었다[샤마쉬(Shamash) 신은 태양, 신(Sin) 신은 달, 이슈타르(Ishtar) 여신은 금성을 가리켰다]. 메소포타미아의 몇몇 창조 신화에 등장하는 거대한 바다 괴물들 역시 성경에 의하면 다섯째 날에 하느님에 의해 창조된 것이다(창세 1,21). 이스라엘 백성의 이러한 주장은 매우 분명한 결론을 도출시킨다. 만일 이스라엘의 하느님이 별들을 창조하셨고 그것들에 앞서 이미 존재하신 분이라면, 이스라엘의 종교가 그러한 별들을 숭배하는 메소포타미아의 종교를 부러워할 이유가 전혀 없다는 것이다. 이는 이미 잘 알려져 있는 사실이기도 하지만, 이스라엘의 신앙이 이러한 신학적 반성이라는 노력을 통해 '유배'라는 시련에서 살아남을 수 있었다는 사실은 다시 한 번 분명히 강조될 필요가 있다.

3) 선과 악, 행복과 불행

기원전 721년에 있었던 사마리아의 멸망, 그 후 기원전 586년에 있었던 예루살렘의 파괴는 이스라엘 백성에게 매우 극적이며 큰 상처(트라우마)를 남긴 사건이었다. 오늘날의 표현을 빌리자면, 이 사건을 통해 많은 이가 '신앙을 잃었고' 그들의 민족적 희망이 산산조각 나는 것을 보게 되었다. 그들의 눈에 이는 하느님이 당신 백성을 버리신 사건으로 비춰졌고, 따라서 이스라엘이 다시는 헤어 나오지 못할 비참한 운명에 빠진 것처럼 보였다. 에제키엘 예언서는 유배자들의 입을 빌어 그들이 느낀 이 절망과 좌절을 다음과 같이 표현한다. "우리 뼈들은 마르고 우리 희망은 사라졌으니, 우리는 끝났다"(37,11). 같은 시대로 거슬러 올라갈 수 있는 이사야서의 다음 본문 역시 비슷한 내용을 의인화된 예루살렘의 입을 통해 우리에게 전해준다. "주님께서 나를 버리셨다. 나의 주님께서 나를 잊으셨다"(49,14).[2]

이스라엘 백성 사이에 만연되어 있던 이 절망과 실의에 대항하기 위해 창세기 1장의 본문은 세상의 기원 이야기로부터

---

[2] 비슷한 표현을 이사 40,27에서도 발견할 수 있다. "나의 길은 주님께 숨겨져 있고, 나의 권리는 나의 하느님께서 못 보신 채 없어져 버린다."

다시 출발하며 '악'이, '불행'이, '고통'이 하느님 계획의 일부가 절대로 아니라고 분명히 말한다. 하느님이 창조하신 세상은 온전히 좋은 세상이다. 예를 들어, 창세기 1장의 본문에는 부정의 말을 단 한마디도 찾아볼 수 없다. 오히려 본문은 일곱 번에 걸쳐(7은 완전하고 거룩한 숫자이다) "하느님께서 보시니 좋았다"라고 반복한다(창세 1,4.10.12.18.21.25.31). 뿐만 아니라, 마지막에는 "하느님께서 보시니 손수 만드신 모든 것이 '참' 좋았다"(창세 1,31)고 말한다. 그러므로 이는 이 세상에 존재하는 모든 것과 모든 생명의 기원이 온전하고 좋은 것임을 의미한다. 부패와 타락, 죽음과 악은 처음부터가 아니라, 이야기의 두 번째 단계에 가서야 발견될 뿐이다. 다시 말해, 인류의 새벽에 하느님의 손에서 태어난 손상되지 않은 그 '최초의 선함, 최초의 좋음'을 다시 발견하기 위해서는 현 세상에 존재하는 부패와 타락 밑을 조금 파 보는 것만으로도 충분하다는 것이다. 이러한 신학적 반성의 토대 위에, 이스라엘은 잃어버린 희망을 다시 세울 수 있었다.

4) 민족의 우열, 사람의 평등

아시리아인이나 바빌론인처럼 인류의 역사에 거대한 제국을 건설했던 민족은 그들의 제국을 건설한 후에 하나같이 자기 민족의 우월함을 드러내고 널리 선전하는 일을 잊지 않았다. 우리가 네 번째로 언급할 사항은 바로 그 '우월함'의 의미에 대해 근본적인 질문을 던지게 한다. 바빌론 유배 시절에 이스라엘 사람들은 바빌론 사람들의 우월함 앞에 분명 깊은 열등감을 경험해야 했을 것이다. 이 경우에도, 성경 본문은 그 시대에 만연되어 있던 이와 같은 사고방식에 대해 근본적인 비판을 제기한다. 이러한 목적 아래, 창세기 1장은 모든 사람이 평등함을 분명하게 보여 준다. 창세기 1장의 본문에 의하면, 식물과 동물은 "제 종류대로"(창세 1,11-12.21.24-25) 창조되었다. 하지만, 하느님께서 인류의 첫 번째 남녀를 만드실 때는 상황이 달라진다. 그들은 "제 종류대로" 창조되지 않고 "하느님의 모습으로, 그분과 비슷하게" 창조되었다(창세 1,26-27). 따라서 '인류의 종'이란 존재하지 않으며, 그 누구도 그가 '우월한 종'에 속한다고 주장할 수 없다. 모든 사람은 평등하다. 모두가 다 동일한 하느님의 모습으로 창조되었기 때문이다(창세 5,1 참조). 그러므로 모든 사람은 자기 자신 안에 '거룩한' 어떤 것을, 신성한 그 어떤 것을 간직하고 있다.

5) 공간보다 우월한 시간

창세기 1장의 본문은 분명 이스라엘 민족이 자신들의 땅에서 멀리 떨어져 있을 때 계획되었고, 아마도 그와 같은 시기에 작성되었을 것이다. 어쩌면 유배 시기가 끝난 직후, 곧 첫 번째 유배자들이 본래의 이스라엘 땅을 향해 귀향을 시작했을 때 쓰였는지도 모른다. 유배중이든, 유배 직후든, 이 본문이 쓰일 당시에 이스라엘 백성이 자기 땅을 '소유'하고 있지 않았음은 분명하다. 아직 바빌론 땅에 살고 있었거나, 또는 이미 페르시아 제국의 일부가 된 그들의 옛 땅을 향해 귀향하고 있었을 것이기 때문이다. 게다가 이스라엘은 그들의 성전을 가지고 있지 않았거나, 새 성전을 아직 재건하지 못한 상태였다. 다시 말하면, 그들은 그들의 신에게 예식을 올릴 '거룩한 장소'조차 가지고 있지 않았다는 것이다.

바로 이 문제에 대해 창세기 1장은 매우 독창적인 해답을 제시한다. 그 해답이란 '시간'이 '공간'보다 더 우월하다는 주장이다. 예를 들어 창세기 1장에 의하면, 시간으로 성별된 날은 오직 세 날뿐이다. 한 주간 중 더 중요하게 여겨지는 그 세 날은, 첫째 날과 넷째 날 - 한 주간의 한가운데에 있는 날 -, 그리고 마지막 일곱째 날이다. 첫째 날, 하느님은 시간의 가장 원시적인 리듬을 창조하신다. 낮(빛)과 밤(어둠)의 순환이 그것이다(창세 1,3-5). 한 주간의 정중앙에 위치한 넷째 날에 하느님은 인류의 '거대한 시계'를 설치하신다. 즉 한 해의 리듬을 조율하고, 달력의 시간을 결정할 수 있도록 별들의 주기를 정하신다(창세 1,14-19). 모두가 알고 있듯이, 달력은 메소포타미아 문명의 가장 위대한 발견 중의 하나다. 창세기 1장은 이스라엘의 하느님이야말로 시간과 역사의 주인임을 말하기 위해 이러한 그들의 발견을 재이용하고 재해석해 낸다.

끝으로, 일곱째 날 하느님은 휴식을 취하신다(창세 2,1-3). 어떠한 하느님의 활동도 이 날 찾아볼 수 없다. 하느님 홀로 이 일곱째 날을 가득 채우고 계시며, 따라서 하느님은 이 날을 '축성하시고' 이 날에 '복을 내리신다'(창세 2,3). 그러므로 하느님은 하나의 장소, 곧 하나의 성전 안에 거주하시기 전에 이미 시간 속에 거주하시는 분이다. 이러한 방식으로 이스라엘은 '거룩한 장소'를 소유하지 않은 채 그들의 하느님을 만나고 숭배할 수 있었다.

지금까지 살펴본 위의 다섯 가지 사항들은 창세기 1장이 담고 있는 신학 사상들이, 거기에 담긴 다른 모든 신학적 풍요로움과 더불어, 틀림없이 이스라엘 역사의 후기에 속하는 것임을 우리에게 가르쳐 준다. 따라서 확고하고 명백한 근거 없이 창세기 1장의 신학과 사상을 훨씬 더 고대의 것으로 규정하려 한다면, 그건 결코 현명치 못한 생각이 될 것이다.

2. 대홍수 이야기 (창세 6-9장)

대홍수 이야기는 우리에게 특별한 문제점을 야기한다. 성경에 의하면, 전 인류는 대홍수로 멸망한다. 따라서 대홍수 이야기는 전 세계적인 사건을 다룬다고 말할 수 있다. 만일 그렇다면, 이 사건의 흔적을 발견해 내는 것이 가능할까? 한편으로, 전 세계의 종교와 보편적 전통에 대한 연구는 이러한 생각을 확인시켜 주는 것처럼 보인다. 사실, 성경의 대홍수 이야기와 비슷한 이야기들은 고대 근동, 특히 메소포타미아뿐 아니라 모든 대륙 - 북아메리카, 중앙아메리카, 남아메리카, 유럽, 아프리카, 인도, 중국 등등 - 에 존재한다. 심지어 에스키모 인들도 그와 비슷한 이야기를 가지고 있다. 이는 마치 대홍수라고 하는 전 세계적 사건을 인류의 '집단 기억'이 간직하고 있는 것처럼 보인다.

하지만, 다른 한편으로는 이처럼 긍정적으로 보이는 첫 번째 의견에 반론을 제기하며, 그 의견이 수정되어야 한다는 주장들 또한 존재하고 있다. 실제로 메소포타미아에서 즉, 성경의 이스라엘 민족과 매우 유사한 문화에서 발견된 홍수 이야기들을 정밀히 조사한 결과 다음과 같은 진지한 결론이 도출되었다. 이러한 이야기들의 바탕에는 그 지역의 광활한 평야에 잘 알려져 있는 한 가지 자연현상이 존재한다. 봄철이 돌아왔을 때 동쪽 소아시아 고지대의 눈이 녹아내리면서 메소포타미아를 흐르는 두 개의 강(티그리스 강과 유프라테스 강)이 범람하게 되는데, 이로써 매년 홍수 사건이 벌어진다는 것이다. 때때로, 이 홍수는 엄청난 위력을 보였다. 고고학자들이 메소포타미아의 한 도시에서 발견한 진흙 지층은 2미터가 넘었는데, 그것은 바로 이러한 홍수로 말미암아 거대한 양의 흙이 범람하여 생긴 흔적이었다.

어쨌든, 성경이 묘사하는 '단 한 번의' 홍수 사건을 찾아내는 작업은 매우 어려운 일이 되었다. 메소포타미아에서 그러한 홍수 사건은 한 번이 아니라 수차례 반복적으로 일어났던 사건이었기 때문이다. 게다가, 전 세계의 다양한 지역에서 발견되는 비슷한 홍수 이야기는 우리에게 단지 한 가지 사실, 즉 그 이야기가 인류의 보편적 종교 유산의 일부를 차지한다는 것만을 확인시켜 줄 뿐이다. 다시 말하면, 홍수 이야기는 성경만이 독점권을 가진 이야기가 아니라는 것이다. 바로 이러한 이유에서도, 그 많은 홍수 이야기에서 성경 이야기의 기원이 될 수 있는 단 한 번의 역사적 사건을 구별해 내는 것은 불가능한 일이라고 말할 수 있다.

더욱이, 성경의 이야기들이 메소포타미아의 이야기들과 밀접히 관련되어 있다는 사실도 분명히 염두에 두어야 할 필요가 있다. 많은 점에서, 예컨대 방주, 큰 비와 물의 범람, 유일하게 살아남는 한 가족, 홍수가 끝나갈 무렵 새들을 밖으로 보내는 것과 제사로 끝을 맺는 이야기의 마지막까지, 두 이야기들 사이에는 놀랍도록 비슷한 점들이 많이 발견된다. 따라서 이 성경 이야기의 '모델'은 체험된 사실과 정보를 정확하게 전해 주고 있는 하나의 보고서라기보다, 틀림없이 메소포타미아의 한 이야기, 또는 메소포타미아에 존재하던 하나의 전통이라고 보는 것이 훨씬 더 정확할 것이다. 그러므로 성경의 대홍수 이야기가 '역사적 이야기' – 이 말이 가진 현대적 의미에서 – 와는 상당히 거리가 있다고 말할 수 있다. 또한 이러한 결론은 역사적인 이야기가 아니라, 또 다른 관점에서 우리에게 많은 것을 전해 주고자 하는 이야기, 곧 신학적 이야기 앞에 우리를 세워 놓는다. 따라서 이 이야기의 내용 역시 충분히 한정될 수 있는 역사적 배경, 즉 이스라엘 백성의 바빌론 유배 시대나 유배 이후라고 하는 배경 속에 놓아야 할 필요가 있게 된다. 실상, 많은 성경 주석가가 이 이야기의 성경 본문이, 그의 다양한 구성 요소와 함께, 이스라엘 역사의 후기에 속한다는 것을 확신하고 있으며, 이러한 성서학자들의 숫자가 계속 늘고 있는 실정이다. 이스라엘은 바빌론 유배 시절에 메소포타미아의 대홍수 이야기들을 접했을 것이다. 그리고 창세기 1장의 이야기에서와 마찬가지로 그것을 그들의 것으로 만들고, 또 그들의 필요에 맞게 변화시켰을 것이다. 성경에서 대홍수 이야기의 주인공은 '노아'다. 그는 욥과 다니엘처럼 '의로운' 사람으로 이스라엘의 민간전승에서 잘 알려진 전통적인 인물이었다(에제 14,14.20; 참조 창세 5,29). 따라서 대홍수 이야기의 주인공 역할을 수행하기에 매우 적합한 인물로 여겨졌을 것이다.

성경의 대홍수 이야기는 바빌론 유배 시절에 백성 사이에서 생겨난 중요한 질문에 그 해답을 제시해 준다. 인류는 어떠한 상황에서도 살아남을 수 있는가? 세상을 아무 흔적도 없이 사라지게 할 수 있는 우주적 재앙에서 누가 그리고 무엇이 이 세상을 구할 수 있는가? 대홍수 사건과, 유배 사건 사이에 존재하는 유사점을 이해하는 사람은 이러한 질문에 추가적인 뉘앙스를 덧붙여, 결국 '우리는 예루살렘의 파괴, 성전의 약탈 그리고 왕조의 최후와 비슷한 세상의 종말에서 살아남을 수 있을 것인가?'라고 질문하게 된다.

대홍수 이야기에서 이 질문에 대한 답변은 두 가지로 주어진다. 대홍수 이야기 중 더 오래된 부분들 – 유배 시대나 또는 유배 직후 시대에 속하는 – 은 인류의 생존이 오로지 '의로운' 노아와 그의 가족들과 무조건적인 계약을 맺으시는 하느님, 세상을 파멸시키기 위해 더 이상은 절대로 대홍수를 일으키지 않으실 것이라 약속하시는 그 하느님의 은총에 달려 있다고 제시한다(창세 6,18; 9,8-17). 다시 말해서, 세상이 구원될 수 있기 위해서는 노아와 같은 의인 하나만으로도 충분하다는 것이다. 하느님이 이 의로운 사람과 은총의 계약을 맺으시기 때문이다.

두 번째 답변은 좀 더 후기에, 즉 성전이 재건되고 종교 의식이 회복된(기원전 520-515년경) 이후에 주어진다. 이 시기로부터 유래해서 첫 번째 이야기에 덧붙여진 본문에 의하면, 인류의 생존은 종교 의식에 달려 있다. 하느님께서 세상을 더는 파멸하지 않겠다고 약속하신 것은 노아의 제사가 하느님을 만족스럽게 했기 때문(창세 8,20-22)이라고 본문이 말하기 때문이다. 따라서 이 본문이 전하는 교훈은 분명하다. 이스라엘에게 생존의 유일한 조건은 바로 종교 의식이라는 것이다.

이 두 가지 답변은 상호 보완적이라 말할 수 있다. 첫 번째 답변이 신의 은총을 역설하는 반면, 두 번째 답변은 인간 편에서의 행위 - 이 경우엔 종교 의식 - 의 필요성을 강조하기 때문이다.

마지막으로 언급되어야 할 요소가 한 가지 남아 있다. 창세기 6장에 의하면, 대홍수의 원인을 인간의 마음속에서 찾아볼 수 있다. 성경 본문은 전 인류의 생존을 위협하는 것이 다름 아닌, 인간 마음속의 사악함이라고 말한다(창세 6,5; 참조 8,21). 본문의 다른 부분은 그 원인을 더 정확하게 온 세상에 만연되어 있는 '폭력'이라고 지적한다(창세 6,11.13).

이 폭력의 문제를 어떻게 해결할 수 있을까? 대홍수 이야기는 이 문제에 대해서도 상호보완적인 두 가지 답변을 제시한다. 첫 번째 답변은 창세 9,2-3에서 찾아진다. 이 본문은 인간이 고기를 먹을 수 있다고 말한다. 다시 말해, '폭력'은 동물을 상대로 사용될 수 있을 뿐, 다른 사람들을 상대로 사용되어서는 안 된다는 것이다. 두 번째 답변은 창세 8,20-22에서 찾아볼 수 있다. 이 본문은 폭력을 종교 의식과 연결하여 언급하고 있다. '정결한 동물들'을 봉헌하는 것도 하나의 '폭력' 행위라 말할 수 있기 때문이다. 하지만 이것이 종교 의식 안에서 행해지면, 사회적으로 용인되는 합법적 행위가 된다는 것이다. 이러한 방식으로 '합법화'된 폭력은 더 이상 파괴적인 것이 아니라, 오히려 사회를 '평화롭게' 만드는 데 기여한다.

3. 바벨 탑 이야기(창세 11,1-9)

일반적으로 '바벨 탑' 이야기라고 불리는 창세 11,1-9의 이야기는, 정확히 말하면 하나의 탑만이 아니라, 그 탑과 함께 건설되는 한 도시에 대해 진술한다. '바벨'이라는 이름은 이미 잘 알려져 있고, 이 이름이 그 도시의 이름과 동일시되고 있다는 사실도 전혀 문제를 일으키지 않는다. 진짜 문제는 다른 곳에서 발견된다. 성경의 이 이야기는 바벨이란 도시와 탑이 완성되기 이전에 버려졌다고 분명하게 말한다. 이미 우리는 바벨이란 도시가 한 번 이상 파괴되고 약탈당했다는 사실을 잘 알고 있다. 그러나 그 도시가 미완성으로 남게 되었다고 단언하는 성경의 이야기를 구체적으로 증명해 줄 수 있는 그 어떤 문서도, 그 어떤 고고학적 증거도 존재하지 않는다.

다른 한편으로, 아시리아의 많은 임금들은 거대한 제국을 소유하고 새로운 도시들을 건설했다. 그리고 그 당시 도시란 언제나 성채나 성곽과 같이 요새의 기능을 갖춘 성읍을 의미했다. 따라서 성경의 이 바벨 탑 이야기는 특별하거나 구체적으로 확인하기 쉬운 어떤 한 가지 사건에 바탕을 두었다기보다, 오히려 그 당시에 존재했던 거대한 제국의 도시들에 대한 기억에 의존하고 있다고 말할 수 있다. 다른 말로 하면, 대홍수 이야기와 마찬가지로, 바벨 탑 이야기도 '전형적'이고 '상징적'인 어떤 사건을 묘사한 것이라고 말할 수 있다.

웅장하고 인상적인 메소포타미아의 도시들은, 거대한 건축물들과 함께, 분명 그와 비슷한 것조차 알지 못했던 이스라엘 사람들에게 매우 매혹적인 것으로 다가왔을 것이다. 하지만, 이 짧은 일화를 통해 이스라엘은 전체주의적이고 제국주의적인 바빌론 사람들의 그 엄청난 능력을 풍자하면서 또 '비非신화화'한다. 이를 통해 그들은 제국의 한계를 보여 주는 동시에, 그 거대한 도시들의 끝을 예견하고자 했다. 오늘날 우리가 가지고 있는 완성된 문서로서 이 이야기를 이스라엘 백성의 유배 시대보다 더 오래된 것으로 여기기는 상당히 어려워 보인다. 오직 유배 시대라는 기간을 통해 이스라엘은 메소포타미아 제국들의 거대한 도시와 건축에 대해 알게 되었기 때문이다. 그러나 이 짧은 일화에서 이스라엘은 메소포타미아와 같이 전체주의적이고 제국주의적인 세상이 어떻게 그 끝을 맞이하게 될 것인지를 보여 준다. 서로 다른 문화들의 희생 위에 세워지길 바라는 제국주의적 '일치의 꿈'은 반드시 실패로 운명 지워져 있다.

3장

아브라함과 선조들, 역사 속 실존 인물인가? 전설 속 상상 인물인가?

1. 선조들의 이야기와 '이스라엘 역사'의 시작

적절한 이유와 근거를 들어 많은 학자와 저자는 창세기 1-11장에 실린 이야기들이, 즉 세상의 창조, 카인과 아벨, 대홍수와 바벨 탑 이야기가 실제 역사에 속한다기보다, 역사 이전에 대해 설명하고자 했던 시대의 산물에 속한다고 생각한다. 이 이야기들이 대부분 인류의 기원을 다루기 때문에 엄밀한 의미에서 '역사적' 이야기가 될 수 없다는 것이다. 실제로 이 이야기들 속에서 상당한 양의 '지혜문학'적 요소가 발견되고 있다. 그것은 이 이야기들이 세상의 기원이나 인류의 위치와 조건 등에 대해 정확하게 '묘사하길' 원하는 것이 아니라, 오히려 그에 대해 '설명하길' 원하기 때문이다. 다시 말해, 창세기 1-11장은 우리 세상의 '왜'라는 질문에 대해 설명하길 원하고 있을 뿐, 그런 것들이 '어떻게' 생겨났는지를 설명하는 데 그 본래의 의도가 있지 않다는 것이다.

하지만, 아브라함과 함께 우리는 조금 다른 세상 속으로 들어가게 될 것이고, 좀 더 단단한 땅 위를 걷게 될 것이다. 아브라함이 더 이상 어떤 '유형'을 대표하는 사람이 아니라, 바로 한 개인이기 때문이다. 따라서 아브라함의 이야기는 훨씬 더 자세히 서술되어 있을 뿐만 아니라, 이야기의 윤곽도 더 정확하다. 이야기의 어조 역시 '신화'의 그것과는 사뭇 다른, 훨씬 더 구체적인 느낌을 준다. 그럼에도 불구하고, 이런 상황이 언제나 그리 분명한 것만은 아니다. 최근에 나온 고대 근동의 역사와 고고학에 관한 새로운 연구들이 이스라엘 선조들에 관한 이야기가 실제가 아닌, 가공의 사건일 수 있다고 말하고 있기 때문이다.

2. 선조들의 역사성 또는 선조 시대의 역사성?

1) 역사에 남겨진 선조들의 빈약한 흔적

무엇보다 성경에 등장하는 선조들의 흔적이 그 당시의 문서에서는 발견되지 않는다. 아브라함[3], 사라, 이사악, 레베카, 에사우, 야곱 그리고 그들의 가족에 대해 언급하는 어떤 비문도, 어떤 문서도, 어떤 기념물도 존재하지 않는다. 그들 역시 기록이나 비문을 전혀 남기지 않았다. 그것은 그들이 글을 사용하지 않았기 때문일 것이다. 게다가 그들이 천막 생활을 했기 때문에 거주지 흔적을 찾아내는 일 또한 불가능하다. 그뿐 아니라 제단(창세 12,7.8; 13,18; 22,9; 26,25; 33,20; 35,3.7)과 돌기둥(창세 28,18; 31,45.51; 35,14), 그리고 무덤(창세 23장; 25,9; 35,8.20; 49,30-31 참조)을 제외하고, 그들은 어떤 건축학적 기념물을 세운 적도 없다. 이런 제단과 돌기둥, 그리고 무덤을 언급하는 성경 본문들의 문제점 – 이 본문들의 대부분은 이스라엘 역사의 후기에 속하는 것으로 여겨진다 – 을 제외하더라

---

[3] 파라오 시삭(기원전 950-926)은 남 유다 땅을 원정한 일을 기술하는 가운데, '아브(비)람[Ab(i)ram]의 요새' 또는 '아브(비)람[Ab(i)ram]의 땅'에 대해 언급한다. 이 이름을 이스라엘의 선조 아브라함과 동일시하려는 견해들이 있는데, 그에 대한 논쟁은 여전히 진행 중이다.

도, 그중에서 고고학자들에 의해 확인된 것이 단 하나도 없다는 점은 받아들이고 인정해야만 하는 또 하나의 사실이다. 사실상, 이러한 '기념물'(제단, 돌기둥, 무덤)은 발견되기도, 또 확인되기도 매우 어려운 것에 속한다.

2) 선조 시대의 역사성?

특징적인 관습 몇 가지를 바탕으로 일부 주석가들은 정확한 '선조들의 역사성'이 아닌, 적어도 '선조 시대의 역사성'에 관해 연구하고자 했다. 한 예로, 이스라엘의 선조들의 이야기에서만 자식이 없는 부인이 자기 남편에게 여종을 내줄 수 있다는 내용이 나온다. 그리고 남편과 여종의 결합에서 태어난 아들(들)은 바로 그 부인의 소생으로 여겨졌다. 아브라함과 하가르의 경우가 바로 그렇다. 아브라함의 아내 사라가 자기 남편에게 내어준 여종 하가르에게서 이스마엘이 태어난다(창세 16장). 야곱의 두 아내인 레아와 라헬 역시 그들의 여종 곧 질파와 빌하를 그와 비슷한 상황에서 남편에게 내줄 것이다(창세 29-30장). 그녀들은 일정한 불임의 시기를 보냈고, 아들을 얻을 수 없는 문제를 이렇게 해결했다. 이러한 관습은 앞에 소개한 두 가지 사례에서만 언급되기에, 이스라엘 역사에서 일정한 기간을 결정지어 줄 수 있는 독특한 특징이 될 수 있을 것이다.

　게다가 이 의견을 따르는 주석가들은 기원전 2천 년 전의 몇몇 메소포타미아 문헌에 그와 비슷한 계약들이 포함되어 있다고 주장한다. 따라서 이러한 사실은 선조들이 지녔던 전통의 고대성을 입증해 줄 수 있는 요소가 될 수도 있다. 그러나 다른 한편으로, 메소포타미아에서 발견된 계약서를 더욱 정밀하게 조사한 또 다른 연구가 선조들의 전통과 메소포타미아의 계약서 사이에 이러한 유사성이 결코 인정될 수 없다고 주장하고 있다는 사실도 함께 기억할 필요가 있겠다.

3) 고대 '선조들의 신앙'? 또는 한 '가족의 신앙'?

독일의 알브레히트 알트(Albrecht Alt)와 다른 몇몇 학자들은 선조들의 신앙이 이스라엘 민족의 신앙 형태와 구별되는 몇몇 독특한 점을 가지고 있다는 데 주목한다. 가장 크게 드러나는 독특함은 아마도 '아버지의 하느님', 또는 '조상들의 하느님'에 대한 예배 행위라 할 수 있다(창세 26,24; 28,13; 31,53; 32,10; 46,1; 탈출 3,6 참조). 가나안의 신들이 장소와 신전에 연결되어 있는 것과는 달리, 이스라엘 선조들의 하느님은 무엇보다도 개별적인 사람과 연결되어 있다. 따라서 이러한 형태의 신앙은 전형적인 유목민 종교에서 발견되는 것일 수 있다고 그들은 주장한다.

하지만, 이 이론 역시 사실이 아님이 증명되었다. 이와 관련된 성경 본문과 그와 비슷한 내용의 성경 밖의 글들이 상당히 후대에 쓰인 것으로 보이기 때문이다. 특히 이와 관련된 성경 본문을 살펴보면, 이 본문들의 목적이 무엇보다도 아브라함, 이사악, 야곱, 곧 세 선조들의 하느님과 이집트 탈출 사건의 하느님 사이의 연속성을 보여 주려는 데 있다는 사실을 발견하게 된다. 따라서 이러한 본문들은 대부분 이스라엘 역사 후기에 작성되었으며, 현재 우리가 가진 오경의 서로 다른 부분들 사이에 신학적이고 문학적인 연관성을 만들어 내기 위해 편집된 것이라 말할 수 있다. 그러므로 오래되고도 특징적인 선조들의 신앙 형태에 대해 많은 것을 말해 줄 수 있는 요소들을 선조들의 이야기로부터 끄집어내는 것은 적절하지도, 가능하지도 않은 일이 될 것이다.

최근 들어 다른 몇몇 학자들은 선조들의 전형적인 신앙 형태가 이스라엘 역사 가운데 특별한 한 시기에 정확하게 위치시킬 수 있는 것이 아니라고 주장한다. 오히려 그들의 신앙은 특별한 한 시기를 다루고 있는 것이 아니라 특별한 한 형태, 곧 오랫동안 지속되어 온 한 가족의 신앙을 다루고 있다는 것이다. 간단히 말해서 한 가족의 신앙은 훨씬 더 개별적이며, 덜 익명적이다. 그들의 하느님은 한 조상의 하느님이요 한 가문의 하느님일 뿐, 결코 전 우주의 하느님도, 한 나라 전체의 하느님도 아니다. 이러한 한 가족의 하느님은 그 가족에게 매우 가까운 하느님이며, 매일 벌어지는 일상의 사건에서 자신을 드러내시는 하느님이다.

하느님과 한 가족 간의 이러한 계약은, 더 정확히 말해 하느님과 한 가족의 조상들과의 계약은 보통 일방통행적, 즉 조건 없는, 무조건적 계약이라 말할 수 있다. 이 하느님은 어떠한 보답도 요구하지 않으신 채 그저 도움을 약속하시는 하느님이다. 이러한 이유로, 선조들의 하느님은 언제나 그들을 도와주기 위해 준비하고 계신 선의善意의 하느님이요, 온화함의 하느님이다. 더 나아가 그가 선택한 이들의 부족함을 눈감아 주시는 하느님이다. 예를 들어, 하느님은 파라오가 아무것도 모른 채 아브라함의 아내 사라를 그의 아내로 삼았을 때 그를 여러 가지 재앙으로 내리치신다. 반면, 사라가 그의 누이라고 거짓을 말하여 파라오가 간음죄를 범할 수 있는 상황을 만든 아브라함은 벌하지 않으신다(창세 12,10-20). 같은 하느님이 야곱에게도 외숙 라반에게로 이끌어 줄 모든 여정 중에 함께하며 지켜 주겠다고 약속하신다(창세 28,15). 하지만, 그 여정의 이유에 대해서는 아무 말씀도 하지 않으신다. 게다가 야곱은 어머니 레베카가 생각해 낸 속임수로 형 에사우가 받아야 할 축복을 가로챈 인물이었다. 이러한 '이중 잣대' 역시 한 '가족의 신앙'을 보여 주는 선조들 이야기의 특징이라 할 수 있다. 그러나 아주 많은 경우에 결국 '정의'가 승리하는 모습을 보게 될 것이다. 그것이 매우 오랜 시간을 필요로 한다고 해도 말이다. 아브라함은 이집트에서 추방될 것이고, 야곱 역시 고향에서 멀리 떨어진 곳에서 20년을 살아야 할 것이다, 게다가 야곱은 형 에사우에게 했던 대로, 외숙 라반에게 똑같이 속임을 당할 것이다.

따라서 위의 이러한 성찰들은 선조들의 신앙이 이스라엘의 역사 가운데 어느 일정한 시기의 특징을 보여 주는 것이 아니라, 오히려 어느 한 사회계층이 가지고 있던 신앙 형태의 특징을 보여 준다고 말할 수 있다. 선조들의 신앙은 민족의 신앙(모세의 신앙)에 '선행한다.' 왜냐하면, 성경이 하느님에 대한 이러한 단계의 신앙을 훨씬 더 기초적인 것으로 간주하고 있기 때문이다. 바오로 사도 역시, 마치 아브라함이 모세보다 앞서 있었던 것처럼, 신앙이 율법보다 선행한다고 단언할 것이다. 일방통행적인, 무조건적인 계약을 말하는 신앙 형태는 조건적인 계약을 말하는 신앙 형태보다 앞서 존재한다. 하느님의 은총이 법과 윤리의 요구에 앞서 존재하기 때문이다.

이는 역사적 관점에서 선조들의 신앙 형태가 이스라엘의 역사 전반에 걸쳐 다양한 모습으로 존재했다는 것을 또한 의미한다. 왜냐하면 그것이 어느 일정한 시기의 신앙 형태가 아니라, 오히려 고대 시기 전반에 걸쳐 지속적으로 존재하던 한 가족의 신앙 형태를 보여 주고 있기 때문이다.

4) 유목민들의 세상과 역사

선조들에 관한 이야기의 배경에 여전히 남아 있는 문제점이 하나 있다. 그들은 목초지를 찾아 가축들과 함께 이동하며 사는 유목민, 또는 반유목민의 생활 방식을 취했다. 다시 말해, 그들은 천막에서 생활하였다(창세 12,8-9; 13,3.12.18; 18,1.6.9.10; 24,67; 25,27). 창세기 18장은 선조들의 식습관을 상당히 정확하게 알려 준다. 그들은 돌 위에 구운 빵을 먹었으며, 주로 우유를 마셨고, 고기는 특별한 경우를 위해 비축하였다(창세 18,6-8). 반면에 포도주는 오직 정착민들의 식습관에서만 발견된다(창세 14,18). 이러한 유형의 유목민 문화는 수천 년에 걸쳐 지속되었다. 오늘날의 베두인들 역시 아직도 성경의 선조들과 비슷한 모습으로 사막이나 광야에서 살아간다. 따라서 일정한 생활 방식이나 몇몇 특별한 관습을 바탕으로 선조들의 시기를 정확하게 구별해 내는 것은 불가능한 일이다.

5) 선조들과 이집트

성경 입문서나 안내서를 보면 때때로 베니 하산에서 발견된 고대 이집트인들의 무덤 그림을 소개하는데, 그 그림은 셈족에 속하는 아시아인들이 이집트에 도착하는 모습을 보여 준다. 거기에는 셈족 사람들이 이집트에 조공을 바치는 장면이 그려져 있는데, 나귀가 짐을 운반하는 동물로, 또 염소가 그들 가축 가운데 조공의 일부로 표현되어 있다. 더불어 그들은 악기와 모루와 같은 물건들도 나르고 있다. 몇몇 학자들은, 이러한 그림을 통해 이스라엘 선조들의 이집트 이주 장면을 재현해 낼 수 있다고 주장한다. 다음 페이지에 나오는 그림에서처럼, 아브라함과 요셉의 형제들이 이집트에 도착하는 순간을 상상해 낼 수 있다는 것이다(창세 12,10-20; 42-43장; 46-47장).

하지만, 이러한 주장은 확실한 사실과는 거리가 있어 보인다. 이집트의 문서와 이러한 그림은 특별히 아시아인들이 관례적으로 해 왔던 이집트 통행을 보여 주고 있을 뿐이기 때문이다. 이처럼 빈약한 자료를 바탕으로 이집트인들의 역사에서 가나안 땅 출신의 유목민이나 반유목민의 어떤 특별한 집단이 이집트에 정착하기 위해 내려온 구체적인 시기를 구별해 낼 수는 없다. 이와 관련된 구체적인 예로, 거의 두 세기(기원전 1730-1550)에 걸쳐 이집트를 정복하고 다스리는 데 성공했던 아시아 종족 중의 하나인 힉소스(Hyksos)인들을 생각하곤 했다. 하지만, 성경 본문과 힉소스인들에 대한 이집트 자료 사이의 연결점은 가치 있고 분명한 결론을 도출해 내기엔 너무도 막연하고 불확실함으로 가득 차 있을 뿐이다.

요셉이란 이름을 가진 인물의 흔적 역시 이집트인들의 관

▶ 베니 하산(Beni Hasan)에 있는 파라오 세소스트리스 2세(Sesostris II) 시대의 총독인 쿠눔 오텝(Khnum-otep) 무덤에서 발견된 벽화로, 기원전 1890년경에 그려진 것으로 추정된다. 벽화의 오른쪽에 거대한 크기로 묘사된 인물이 바로 총독이다. 이집트 벽화의 주요 원칙에 따르면, 인물의 크기는 그가 지닌 가치와 중요성에 비례한다. 그가 입고 있는 하얀 옷과, 그 옷의 일부 얇고 투명한 부분 역시 전형적으로 그가 귀족 가문에 속한 인물임을 보여 준다. 아모리족으로 여겨지는 셈족계 사람들 앞에 흰 옷을 입고 서 있는 두 명의 이집트인 시종 역시 아시아인들보다 좀 더 크게 그려져 있다. 벽화의 제일 윗부분에 "눈을 검게 칠한 아시아인 서른일곱 명의 도착"이라고 쓰여 있는 벽화의 제목이 이 그림의 장면을 설명한다. 여러 색으로 된 옷과 턱수염은 아시아인임을 드러내는 독특한 표시다. 두 번째 이집트 시종 바로 뒤에 아시아인들의 우두머리로 보이는 이가 존경의 인사를 하는 듯한 모습으로 머리를 숙이고 있고, 길들여진 아이벡스(야생 염소의 일종) 한 마리를 선물로 내놓고 있다. 그의 모습 바로 앞에 그의 이름이 "우두머리 이브샤아(Ibsha)"라고 적혀 있다. 아이벡스 뿔 위에 보이는 활처럼 구부러진 막대기가 아시아인들이나 베두인족의 우두머리를 가리키는 전통적인 이집트인들의 기호이다. 그와 상당히 비슷한 막대기가 이브샤아의 왼손에 쥐어 있는 것도 보인다. 그를 뒤따르고 있는 행렬 가운데 남자들은 활과 화살, 창과 몽둥이를 지니고 있다. 반면 마지막에서 두 번째 남자는 여덟 줄로 된 리라(고대 그리스의 하프 같은 악기)를 연주하고 있다. 여자와 아이, 짐을 운반하는 나귀 들도 보이는데, 짐 가운데 염소 가죽과 창 하나가 보인다. 우두머리 이브샤아와 염소 한 마리를 끌고 그를 뒤따르고 있는 남자는 맨발인데, 아마도 총독에 대한 존경의 표시일 것이다. 남자와 여자 들의 신발이 서로 다른 형태인 것도 눈에 띈다. 총독 쿠눔 오텝의 샌들이 매우 세련된 반면, 그의 시종들은 맨발 차림이다.

(출처: L. H. Grollenberg & A. Van Deursen, *Atlas van de Bijble*, Elsevier, Amsterdam 1955, p. 38, n. 121.)

료 목록 어디에서도 찾아볼 수 없다. 하지만 요셉의 이집트 정착에 대해 이야기하는 성경 본문(창세 35-50장)은 창세기의 다른 이야기들과 달리 우리가 좀 더 견고한 땅 위에 서 있다고 생각하게 해 준다. 이 이야기들이 이집트인들의 관습에 대해 상당히 잘 이해하고 있음을 보여 주고 있기 때문이다. 예컨대, 이집트인들이 외국인들과 함께 식사하는 것을 상당히 꺼린다거나(창세 43,32) 목자들을 역겨워한다(창세 46,34)는 사실이 언급된다. 게다가 요셉 이야기에서는 이집트 말로 여겨지는 한 단어가 발견된다(창세 41,43의 "Abrek" – 사람들이 요셉이 탄 병거 앞에서 외친 말).[4] 그러나 이 말을 어떻게 번역해야 하는지 아직 분명치 않으며, 그 단어의 기원 역시 여전히 많은 논쟁을 불러일으키고 있다. 어쨌든 이야기에 포함된 이러한 이집트인들의 관습에 대한 이해는 요셉 이야기를 실제로 있었던 이야기로 확신케 하는 결정적 요인이 된다기보다, 여전히 그럴 수 있었을 것이라고 막연히 추측하게 하는 요인이 될 뿐이다. 왜냐하면, 창세기 37-50장의 저자가 이집트에 대해 알고 있는 정보는 당시 가나안 땅에 살던 사람이면 누구라도, 조금이나마 교육을 받은 자라면 누구나 다 알 수 있던 것이었기 때문이다. 따라서 위의 요소들을 바탕으로 요셉이 어느 특정한 기간 동

4_ 한국말로는 '무릎을 꿇어라' 또는 '물렀거라' 등으로 번역되었다.

안 이집트에서 살았다는 것을 반드시 믿어야 한다거나, 이러한 요소들이 요셉 이야기가 이집트 역사의 어느 일정한 시기와 정확히 일치한다고 말할 수 있는 어떤 이유나 근거를 제공해 준다고 결코 생각할 수 없다.

6) 선조들의 역사성을 위한 논거

선조들의 '역사성'을 지지하기 위해 학자들이 제시할 수 있는 상당히 믿을 만한 논거는 하나뿐일 것이다. 그들이 한 민족의 조상이고, 따라서 한 민족의 조상을 '꾸며 내는 것'은 상당히 이해하기 힘든 일이라는 점이 바로 그것이다. 만일 선조라는 이 사람들이 그들 민족의 전통에 굳게 뿌리 내리지 못했다면, 그 민족의 문학적 유산으로 받아들여질 수 있는 실질적인 가능성이 없었을 것이며, 더 나아가 그들 문화유산의 한 부분이 될 수도 없었을 것이다. 이러한 논거에 따른다면, 성경의 선조들은 적어도 이스라엘 땅의 일정한 부분에서라도 많은 사람에게 매우 잘 알려져 있던 인물이었음이 분명하다.

그러나 선조들 각자가 서로 다른 그들 삶의 터전, 더 나아가 그들 각자를 선조로 여기던 서로 다른 부족 집단을 가지고 있었을 가능성 역시 존재한다고 말할 수 있다. 예를 들어, 아브라함과 사라는 성읍 헤브론(또는 헤브론 근처의 마므레: 창세

13,18; 14,13; 18,1; 23,2.17 참조)과 특별히 밀접한 관계를 가지고 있다. 이사악은 더 남쪽, 곧 네겝 사막과 맞닿아 있는 브에르 세바 지역에 자리 잡고 산 것처럼 보인다(창세 25,11; 26,33). 반면, 야곱은 북쪽 지역에만 머물렀다. 즉 하란에 있던 그의 외숙 라반의 집에서 체류했고, 그 이후에는 스켐과 베텔 사이를 이동하며 살았다(창세 28,19; 33,18; 35,1.16).

선조들의 역사성에 관해 학자들이 제시하는 이러한 논거들은 그럼에도 불구하고 여전히 많은 문제점을 안고 있다. 그것들이 이 이야기들의 대중적이고 전통적인 뿌리를 찾아낼 수 있도록 도움을 주기는 하지만, 이야기 자체의 역사성이나, 무엇보다도 선조들 개인의 역사성에 대해 단언할 수 있는 특별한 근거를 제시해 주지 못하기 때문이다. 그렇다면, 이들이 언제 이스라엘 백성의 조상들이 되었을까? 우리가 아는 그들의 족보, 다시 말해 아브라함, 이사악, 야곱의 순으로 정해진 그들의 족보가 언제 정리되고 정착되었을까? 아브라함은 늘 이사악의 '아버지', 그리고 야곱의 '할아버지'였을까? 이사악과 레베카는 '늘 언제나' 야곱과 에사우의 부모로 여겨졌을까? 야곱은 항상 이스라엘의 열두 지파에 그들의 이름을 남긴 열두 명의 자식(말하자면, 열두 지파의 시조가 된 조상)의 아버지였을까? 다른 많은 질문이 그렇듯, 이 질문들에 대한 분명하고 명확한 대답을 얻어 내는 일은 불가능하게 보인다. 하나 또는 여러 민족으로부터 하나의 '이스라엘 민족'이 태어날 수 있게 한 대중적 유산과 전통의 '토대'가 실제로 그리고 반드시 존재하겠지만, 선조들의 모습을 미화하고 찬양하기 위해 그들의 전통이 덧붙이고 첨가한 그 모든 것으로부터 그 토대를 다시 되찾아 내기란 불가능한 일이 될 것이기 때문이다.

3. 중요한 몇몇 문서의 편집 시기

이스라엘의 선조들 이야기에 관해, 마지막으로 한 가지를 덧붙일 필요가 있다. 이 선조들에 대해 들려주는 창세기의 많은 중심적인 본문이 이스라엘 역사의 후기에 속한다는 사실이 그것이다. 다시 말해, 그 본문들은 바빌론 유배시기 이후에 다시 고쳐지고 편집된 것이다. 아브라함은 칼데아의 우르 지방에서 가나안 땅에 정착하기 위해 길을 떠나는 '순례자'의 모습으로 매우 잘 알려져 있다(창세 11,28.31; 12,1-3; 15,7). 아브라함이 부르심을 받는 장면을 묘사하는 창세 12,1-3은 창세기 전체를 이해하는 데에도 매우 중요하지만, 구약성경의 신학을 잘 보여 주기에 구약의 작은 보석처럼 여겨지는 본문이기도 하다.

오늘날 이 본문은 유배 이후에 작성된 것으로 간주된다. 이 구절의 목적은 아브라함을 파괴된 도성 예루살렘과 그곳 성전을 재건하기 위해 바빌론에서 되돌아온 이스라엘 공동체의 선조로 보여 주고자 하는 데 있다. 아브라함은 이스라엘의 하느님 야훼에게서 부르심을 받았고, 약속의 땅(창세 12,1) 곧 그가 알지 못하는 땅으로 가기 위해 그의 고향(조국)을 내버려둔 채 길을 떠난다. 아브라함은 하느님께 복종했으며(창세 12,4ㄱ), 하느님은 그런 아브라함에게 복을 내리신다. 따라서 이 이야기의 메시지는 분명하다. 그것은 아브라함에게 약속된 이러한 복이 유배 이후 메소포타미아로부터 가나안 땅에 다시 정착하기 위해 되돌아온 모든 사람에게도 유효하다는 것이다.

사실, 아브라함이 칼데아의 우르 지방에서 왔다고 말하는 본문은 그리 많지 않다. 만일 창세 11,28.31과 창세 12,1-3을 제외한다면, 오직 창세 15,7과 상당히 후기에 쓰인 느헤 9,7만이 이 사실을 언급하고 있을 뿐이다. 현대 학계의 보편적인 연구 결과에 의하면, 이 모든 본문은 모두 이스라엘 역사의 후기에 쓰였다. 더불어 - 이는 상당히 중요한 논거인데 - 아브라함에 대한 다른 이야기들은 그가 메소포타미아 출신이란 사실을 암시조차 하지 않는다. 오히려 아브라함은 가나안 땅에서 마치 그 땅이 자기가 원래 속했던 땅이었던 것처럼 살고 있을 뿐이다. 이방인으로 취급되지도 않고, 스스로도 이방인처럼 행동하지 않는다. 더 정확하게 말하면, 필요할 때 가축을 데리고 이동하며 살아가는 평범한 유목민처럼 살고 있을 뿐이다.

땅에 기근이 들었을 때(창세 12,10) '그의 고향'인 메소포타미아로 돌아가지 않고, 오히려 이집트(창세 12,10-20)나 필리스티아(창세 21,34)로 내려간다. 아브라함의 종이 이사악의 아내를 구하기 위해 하란으로 되돌아간다는 창세기 24장의 이야기 역시 후기에 작성된 본문에 속한다고 말할 수 있다. 그 본문에 나오는 "하늘의 하느님"(창세 24,7)이란 표현이 페르시아 임금 키루스의 칙령(2역대 36,23; 에즈 1,2)에서도 발견되기 때문이다. 이는 페르시아 시대에 사용되던 전형적인 표현법이었다.

야곱 역시 유배를 떠났다가 고향으로 돌아온 이스라엘 백성의 본보기로 제시된다. 야곱의 여정은 오디세우스[5]와 같이 유배자들의 한 전형(본보기)으로 볼 수 있다. 그 한 예로, 야곱이 그의 형 에사우의 분노를 피해 외숙 라반에게로 길을 떠나야만 했을 때, 하느님은 그를 그의 땅 곧 가나안 땅으로 다시 데려오겠다고 약속하신다(창세 28,15; 참조 28,21). 고향으로의 '귀환'에 대한 이러한 생각은 야곱 이야기 전체를 이끌어 가는 핵심 주제 가운데 하나가 된다(창세 31,3.13; 32,10; 33,18). 따라서 야곱 이야기를 전해 주는 본문의 많은 부분 역시 이스라엘 역사의 후기에 작성된 것이라 말할 수 있다.

---

[5] 그리스 사람 호메로스의 작품으로, 트로이 전쟁 후에 오디세우스가 집으로 돌아오는 모험을 묘사한다.

아브라함(창세 12-25장)과 야곱 이야기(창세 25-35장)에 흩어져 있는 요소들을 바탕으로 한 이러한 몇몇 통찰은 다음과 같은 사실을 분명하게 말해 준다. 그것은 이 두 선조의 모습이 – 어느 일정한 부분에서 – 기원전 530년경에 유배 생활을 마치고 예루살렘으로 돌아온 이스라엘 공동체가 그 당시에 가졌던 그들만의 걱정과 불안에 대응하기 위해 오래된 본문을 재해석하거나 재현실화하는 가운데 생겨난 결과물이라는 것이다. 따라서 이러한 사실은 선조들에 관한 성경의 이야기들과 그 선조들이 살았던 시대(기원전 1800-1700년경) 사이의 존재 가능한 관계성을 찾고자 하거나, 더 나아가 그 당시 가나안 땅, 시리아 땅 그리고 메소포타미아 땅에서 있었던 인구의 이동과 성경이 전해 주는 선조들의 이동 사이에 연관성을 두고자 할 때 우리에게 매우 신중할 것을 요구한다고 말할 수 있겠다.

4. 이야기의 목적

1) '전설들'과 '전설적인' 인물들

성경의 선조들 이야기는 세상에 존재하는 많은 전설과 비슷하다고 말할 수 있다. 전설에 등장하는 인물이 필연적으로 전설적인 인물이어야만 한다거나 – 인간으로서 불가능에 가까운 일을 해낸다는 의미에서 – 또 그들이 전설에 등장하기 위해 반드시 '창조된' 인물일 필요가 있는 것만은 아니다. 그러나 전설에 있는 요소들을 엄밀한 의미에서 '역사적인' 것으로부터 구분해 내는 일은 그리 쉬운 일이 아닐뿐더러, 많은 경우 거의 불가능에 가깝다고 할 수 있다.

2) 정보 전달(Informare)인가? 의식과 지각의 형성(Formare)[6]인가?

지금까지 살펴본 것처럼, 역사가들이 제시하는 문서와 선조들에 대해 이야기하는 성경 본문 사이에 존재하고 있는 차이점을 찾아내는 것은 상당히 의미 있는 일이라고 말할 수 있다. 그것이 우리가 성경 본문의 '역사성'에 대해 단언하고자 할 때 상당히 조심스러워야 한다는 것을 넌지시 알려 줄 뿐만 아니라, 성경 본문을 조금은 다른 눈으로 바라보고 읽어야 한다고 가르쳐 주기 때문이다. 성경 이야기의 첫 번째 목적은 결코 역사에 대한 정확한 정보, 즉 실제로 무슨 일이 있었는지에 대한

---

[6] Informare란 동사가 어떤 구체적인 정보를 알려 주고 전달하는 데 초점을 맞춘다면, Formare란 동사는 그 정보가 지닌 메시지를 바탕으로 무언가를 형성하거나, 누군가를 양성, 교육하는 데 기본 의미를 둔다.

정보를 전달(Informare)하려는 데 있지 않다. 오히려 그것의 목적은 한 민족의 종교적 의식과 지각知覺을 형성(Formare)하려는 데 있다. 그렇다고 해서, 성경 이야기 속에 역사적 요소가 간직되어 있다는 사실을 완전히 부정한다는 의미는 아니다. 다만, 이야기하는 방식이 서로 다르다는 것을 말하고자 할 뿐이다. 성경 이야기의 설화자는 오직 사건에 대한 객관적 사실을 전달하려는 데 주목하지 않고, 오히려 그보다 먼저 독자들에게 본질적으로 그 사건의 의미를 전달해 주려는 데 더 관심을 가지고 있다. 그리고 이야기를 구성하고 작성하기 위해 그가 사용한 방법 역시 바로 그러한 목적에 맞게 선택된 것이다.

3) 왜 이스라엘 선조들에 대해 말해야 하는가?

이스라엘의 선조 이야기가 지닌 본래의 목적은 두 가지라고 말할 수 있다. 첫 번째 목적은 이스라엘 민족을 하나의 '혈통'으로 규정짓고자 하는 데 있다. 이 이야기들이 반영하는 그 시대 사람들의 사고방식에 의하면, 이스라엘 민족의 정체성과 독자성을 주장하기 위한 매우 간단하고 효과적인 방법이 바로 선조에 대한 이야기다. 이스라엘 백성은 주변 민족들, 즉 암몬인, 모압인, 필리스티아인, 이스마엘인, 아람인 그리고 에돔인과 구별된다. 이스라엘 민족의 선조가 그들의 선조와 다르기 때문이다. 두 번째 목적은 이러한 '혈통'이 이스라엘 민족의 몇몇 '근본적인 권리' - 땅에 대한 권리 같은 - 의 기반을 제공해 준다는 점에서 찾을 수 있다. 이에 따르면, 오로지 아브라함, 이사악 그리고 야곱의 후손만이 가나안 땅에 대한 권리를 가진다. 더불어, 하느님이 그들 가족의 다른 구성원들이 아닌, 바로 이 선조들에게 약속하신 다른 축복들에 대한 권리 또한 아브라함, 이사악 그리고 야곱의 후손만이 가지게 된다.

이러한 근본적인 권리에 관한 것 외에도, 선조 이야기는 때때로 '모범적'이고 '이상적'인 차원의 것을 제시해 준다. 즉 선조들은 이스라엘 민족이 따라서 살아야 할 전형으로 제시된다. 이 점은 특히 아브라함에게서, 부분적으로는 야곱에게서 발견된다. 아브라함은 신앙과 신뢰와 순종의 전형이다(창세 12,1-4ㄱ의 '아브라함의 소명 이야기'와 창세 22,1-19의 '아브라함을 시험하시는 하느님' 이야기 참조). 앞에서 이미 말했듯, 아브라함과 야곱은 하느님의 계획을 수행하기 위해 바빌론 유배로부터 이스라엘 땅으로 되돌아온 유배자들의 전형이기도 하다. 야곱의 모습은 그가 지닌 용감함과 교활함에서 - 도덕적으로 논쟁거리가 된다 하더라도 - 민중에게 칭송받던 영웅의 모습에 훨씬 더 닮아 있다. 바로 이것이, 선택된 민족의 기원에 대한 역사적 기록을 완성하려는 의도에 앞서 있는, 선조들의 이야기를 저술한 편집자들의 진정한 의도라고 할 수 있다.

아마도 이 이야기들의 최종 편집은 유배 이후, 곧 이스라엘이 땅을 소유하고 있지 않았던 때에 이루어졌을 것이다. 신명기의 전통 신학은 이스라엘이 하느님의 법을 지키지 않고 또 하느님과의 계약을 스스로 파기했기에 그들의 땅을 잃었다고 말한다(신명 28장 참조). 바빌론 유배의 근본 원인이 이스라엘 백성의 불충에 있다는 것이다(2열왕 17장 참조). 그렇다면, 이스라엘에 여전히 희망이 남아 있는가? 선조들의 이야기는 (최종 편집된 본문에서) 이 질문에 '그렇다'라고 대답한다. 왜냐하면, 땅에 대한 하느님의 약속이 시나이 계약이나 호렙 산의 계약, 즉 법의 준수라는 조건부 계약보다 훨씬 더 '오래된' 계약에 연결되어 있기 때문이다. 선조들의 이야기에 의하면, 땅에 대한 하느님의 약속은 일방적이고 무조건적인 계약에 연결되어 있다(창세 15장; 17장 참조). 하느님은 아브라함에게 하나의 땅과 수많은 자손을 약속하시지만, 그에 대한 조건으로 아브라함에게 그 어떤 것도 요구하시지 않는다. 따라서 이 계약의 준수와 실행은 오로지 이러한 약속들에 대한 하느님 스스로의 충실함에 달려 있을 뿐이다. 이스라엘 백성의 불충이 이 계약을 무효로 만들 수 없으며, 따라서 그들이 불충했고 여전히 불충하다 해도 이 계약은 계속 유효하다. 이스라엘의 희망은 아브라함의 신앙에 응답하시는 하느님의 은총에 그 바탕을 두고 있기 때문이다(창세 15,6).

4장

모세, 다윗 시대 이전의 영웅에서 유배 이후 이스라엘의 설립자로

이집트 탈출은 이스라엘 백성의 신앙에서 가장 중요한 사건이었다. 이 사건을 통해 이스라엘이 하나의 민족으로, 또 하느님의 백성으로 '태어날 수 있었기' 때문이다. 그렇지만, 이집트의 문서와 그 당시의 기록들이 이 사건에 대해 무엇을 말해 주는가를 묻는다면, 우리는 깜짝 놀라게 될 것이다. 그 답변이 상당히 빈약하다는 것만을 발견할 수 있기 때문이다. 실제로 오늘날까지 숱한 학자와 역사가, 고고학자가 이집트인들의 파피루스나 비문을 연구했지만, 그 안에서 이스라엘 민족의 이집트 탈출 사건을 분명하게 언급하고 있는 단 하나의 문서는 물론, 그와 비슷한 단서나 암시조차 발견해 낼 수 없었다.

1. 성경 이야기의 역사적 윤곽

그렇지만 이집트의 벽화나 부조, 그리고 글로 쓰인 몇몇 기록을 바탕으로 이집트에서 이스라엘 백성이 처했을 만한 상황에 대해 대강의 윤곽을 그려 보는 것은 가능하다. 이러한 연구 방법이 성경 이야기가 실제로 있을 법한 이야기임을 주장하게 할 수는 있겠지만, 그렇다고 해서 성경에 묘사된 그대로 이집트 탈출 사건이 실제로 있었다는 것을 결정적이고 명백한 방법으로 증명해 주지는 않는다. 그렇게 명백한 결론에 도달하기 위해서는 여전히 분명한 근거들이 너무도 부족하다고 말할 수밖에 없다.

이처럼 그 사건에 대한 문서나 자료가 너무도 부족하기 때문에, 이스라엘이라고 불렸던 한 민족의 이집트 탈출과 연관된 사건들을 확신 있게 연대기로 배열하고 재구성해 내는 일이 역사가들에게 허락되지 않고 있다. 어쨌든, 성경 이야기의 역사적 윤곽에 관련된 이론이 많이 있지만, 아직까지 그중 어떤 것도 학자들의 압도적인 지지를 얻어 내는 데 성공하지 못하였다. 다음 단락에서 이러한 이론들의 주요한 항목을 짧게 분석하면서 다시 다루어 보겠다.

2. 모세

모세는 이집트 탈출 사건뿐 아니라 이스라엘의 역사 전체에서도 가장 중심이 되는 인물이다. 따라서 이렇게 유명하고 중요한 인물이라면 그 시대의 역사에 어떤 흔적을 반드시 남겼을 것이라고 생각할 수 있을 것이다. 그러나 놀랄만한 확실한 사실 하나를 받아들여야만 할 것 같다. 지금까지 성경 외에 모세에 대해 이야기하는 문서는 단 하나도 발견되지 않았다. 파라오 궁정에서의 삶도, 히브리 백성을 위해 중재자로 나서던 그의 행동도, 파라오의 후계자와 벌였던 지루한 싸움에 대해서도 이집트 역사는 오직 침묵할 뿐이다.

그러나 엄밀한 역사적 관점에서 모세에 관한 한 가지 사실만은 매우 분명하다. 그의 이름이 본래 이집트에서 유래한다는 사실이다. 이집트 말로 '모세'(mosè)라는 말은 '~부터 태어난', 또는 '~의 아들'을 의미한다. 몇몇 파라오의 이름에서도 이 단어가 발견되는데, '라'(태양 신)의 아들이란 뜻의 람세스(Ramses)나 람세트(Ramsete), '토트'(기록자들의 신)의 아들을 뜻하는 투트모스(Tutmosis), '아흐'의 아들이란 뜻의 아흐모스

(Ahmosis) 등을 그 예로 들 수 있다.

  어쨌든 이 사실은 상당히 중요한 의미를 갖는다. 이를 바탕으로 모세라는 이름을 '지어낸' 것으로 쉽게 말할 수 없다고 주장할 수 있기 때문이다. 만일 이스라엘 사람들이 자신들의 민족 영웅을 만들 수 있는 기회를 가졌다면, 그 영웅에게 이집트인의 이름이 아닌, 전형적인 셈족 이름 곧 히브리 이름을 주었을 것이다. 따라서 모세가 전적으로 '지어낸' 인물이라고 말할 수는 없다. 그러나 그 이상으로 무언가를 더 말하는 것 또한 어려운 일이다. 모세가 '지어낸' 인물이 아니라고 말한다 해서, 성경이 모세에 관해 이야기하는 모든 것과 그에 대해 묘사하는 모든 것이 문자 그대로 실제로 일어났다는 뜻은 아니기 때문이다.

  아마도 모세는 바빌론 유배 시기 이후에 이르러서야 비로소 이스라엘 역사에서 의미 있고 중요한 인물이 되었을 것이다. 당시 이스라엘의 왕정王政은 이미 사라져 버린 상태였고, 더불어 왕정의 재건이 불가능하다는 엄연하고도 괴로운 현실을 백성은 받아들여야만 했다. 이러한 처지에서 이스라엘은 그들의 전통에서 무언가 왕정보다 훨씬 더 견고하고, 오래되었으며, 유배와 같은 대재앙으로부터도 살아남을 수 있는 민족의 근간을 찾게 되는데, 그것이 바로 모세의 전통이었을 것이다. 모세의 전통에 의하면, 이스라엘은 왕정이 있기 전에 이미 존재했으며, 왕정 이전에 그들의 거룩하고 문명화된 모든 규정을 모세로부터 받았다. 이러한 이유로, 이스라엘은 왕정 없이도, 그리고 왕정 이후에도 존재할 수 있다는 것이다. 따라서 왕정을 이끌었던 다윗이 아니라, 바로 모세가 이스라엘의 존립을 위해 필수적이고 절대적인 인물이 된다.

이러한 통찰에서 성경이 말하는 모세라는 인물에 대한 결론 하나가 즉시 도출된다. 즉 성경이 보여 주는 이 인물에 대한 초상화는 주로 유배 이후 시기에 이루어진 작업의 산물이라는 결론이다. 따라서 모세 이야기 중 어느 부분이 고대의 것인지, 또는 역사적 인물 모세에게로 거슬러 올라갈 수 있는 사건이 어떤 것인지를 밝혀내고자 하는 역사가의 작업은 힘들고 어려운 일을 뛰어넘어 거의 불가능한 일이라고 말할 수 있다.

3. 이집트에서 히브리인들의 종살이 (탈출 1장, 5장)

탈출기의 이 부분은 역사적 관점에서 볼 때 있을 법한 일로 여겨질 수 있는 몇몇 요소를 포함하고 있다. 예컨대, 탈출기 1장과 5장은 이집트에 거주하던 셈족계 주민들에 대해서, 그리고 그들에게 – 전략적이거나 다른 이유로 – 나일 강의 삼각주에서 그리 멀지 않은 곳에 군사적 목적의 성읍을 건설하는 일이

부과되었음을 이야기한다. 실제로, 벽돌 제작에 종사하던 셈족이나 아시아 출신의 노예들을 묘사하는 이집트 벽화가 상당히 존재한다. 그리고 이 노예들이 셈족에 속한 것은 확실하다고 말할 수 있다. 이집트 초상학肖像學이 일정한 주요 원칙에 따라 서로 다른 종족들을 묘사하기 때문이다. 예를 들면, 셈족에게는 언제나 턱수염이 붙어 있다. 그에 반해, 이집트인은 수염이 없거나 가짜 턱수염을 하고 있다. 셈족의 코와 눈 역시 분간할 수 있는 방식으로 묘사된다. 따라서 성경이 전해 주는 이야기가 실제로 있을 법한 이야기였을 거라고 말할 수 있다. 그러나 여전히 그 이상은 말할 수 없다. 그와 관련된 더 정확

◀ 이집트의 벽돌 제작. 벽화는 투트모스 3세(Tutmosis III) 시대에 재상宰相을 지냈던 레크미르(Rekhmire)의 무덤에서 발견되었으며, 기원전 1460년경 작품으로 추정된다. 벽화에서 벽돌 제작의 여러 단계를 볼 수 있다. 윗칸 왼쪽에, 노예 두 명이 작은 나무들(고대 이집트의 벽화에서 원근법으로 대상을 표현하는 특별한 방법에 주목하라)로 둘러싸인 저수지에서 물을 길어 올리고 있다. 그 주변에서 다른 노예들이 찰흙을 개고 있고, 이어 그것을 나무틀에 넣어 직사각형 형태로 만들기 위해 바구니로 옮기고 있다. 이렇게 만든 직사각형 찰흙이 서서히 마르도록 태양 아래 놓아둔다(저수지 근처). 그 오른쪽에는 준비된 벽돌을 건설 작업에 쓰려고 옮기거나 사용하고 있다. 도구를 이용하여 쌓인 벽의 수직 상태를 확인하고 있는 노예는 아시아인이다. 그가 독특한 수염을 가지고 있기 때문이다. 그의 조금 왼쪽에 보이는 다른 두 노예 역시 십중팔구 아시아인일 것이다. 그들의 피부색이 좀 더 옅은 색으로 묘사되어 있고 코의 형태가 특징적이며 수염을 가지고 있기 때문이다. 감독하는 자들은 몽둥이와 채찍으로 무장하고 있다. 벽화의 아랫칸은 또 다른 형태의 건설 작업, 즉 경사면이 있는 좀 더 정교한 건물의 건설 모습을 보여 준다. 건물은 잘린 돌과 벽돌 그리고 아마도 특별한 형태의 회반죽으로 건설되고 있는 듯하다.

(출처: *Atlas van de Bijble*, p. 46, n. 132.)

한 근거와 기록들이 없기 때문이다. 고대 이집트에는 역사 전반에 걸쳐 수많은 노예가 존재했다. 따라서 이집트 역사의 어느 일정 기간에 살았던 히브리인 노예 집단을 발견할 수 없다 해도 지나치게 놀랄 필요는 전혀 없다.

탈출 1,11(12,37 참조)에 나오는 피톰과 라메세스는 이미 잘 알려진 이집트의 성읍이다. 그러나 그 성읍들과 그 건설 작업에 동원되었으리라 여겨지는 히브리인 노예 집단 사이의 연결 고리를 발견하거나 그 관계를 명백히 하는 일은 여전히 어려운 일로 남는다. 이에 관한 어떤 확실한 증거가 - 명백하게 - 지금까지 단 하나도 발견되지 않았기 때문이다.

4. 이집트 재앙(탈출 7-12장)

이집트 재앙에 관하여 성경 이야기가 묘사하는 것들은 그 땅에서 발견되는 흔한 자연 현상 가운데 하나였다. 예를 들어, 봄에 중앙아프리카에 내린 비로 물이 불어나면 나일 강은 자연스럽게 붉은 찰흙을 실어 나르게 되는데, 이때 물이 피로 변하는 현상을 매년 - 특히 이집트에 아스완Assuan 댐이 건설되기 이전에 - 관찰할 수 있었다. 개구리, 모기, 등에, 메뚜기 그리고 전염병 역시 고대에는 흔히 일어나던 매우 평범한 현상

중에 하나였다. 다만 우박만은 이집트에서 보기 힘든 매우 드문 현상이었다. 그런데도 성경 이야기는 이 재앙에 대해 많은 지면을 할애한다(탈출 9,13-35). 그것은 우박이 매우 특별한 현상이기는 하나, 그렇다고 해서 절대적으로 불가능한 일은 아니기 때문이다. 반면, 어둠이 온 땅을 뒤덮는 재앙은 오히려 상대적으로 쉽게 설명할 수 있다. 모래폭풍을 다루고 있다고 말할 수 있기 때문이다.

맏아들의 죽음은 설명하기가 훨씬 더 어렵다. 특히 모든 맏아들이 – 짐승들의 맏배를 포함하여 – 같은 날 밤에 죽었다면 훨씬 설명하기가 어려울 것이다. 당연히 여기에서는 이야기가 지니는 과장법을 계산에 넣어야 할 필요가 있겠다. 다른 한편으로는 이 이야기가 조금씩 발전과 확장의 단계를 거쳤을 것이라고 말할 수도 있다. 실제로 탈출 4,23은 오직 파라오의 맏아들의 죽음에 대해서만 언급한다["이제 내가 너(파라오)의 맏아들을 죽이겠다": 역주]. 따라서 탈출기 12장의 이야기는 아마도 이러한 첫 번째 전승이 확장되고 발전되면서 만들어졌다고 말할 수 있을 것이다. 다른 학자 몇몇은 여기에 오직 맏아들만 걸리는 특별한 병이 있었을 것이라고 덧붙이기도 한다.

어쨌든 이 모든 것이 이집트 재앙에 대한 엄밀한 역사적 연구의 불확실성만을 보여 준다고 말할 수 있다. 이를 설명하기 위한 시도와 노력이 수없이 있었고, 지금까지도 그러한 시도는 계속되고 있다. 하지만 이미 앞에서 말했듯, 성경에 묘사된 이러한 것들은 고대에 발생하던 매우 일반적인 현상에 속했고, 게다가 진지한 역사 연구에 필요한 엄밀함으로 이러한 현상들을 개별적으로 구별해 내기에는 성경의 묘사가 너무나 포괄적이라는 문제가 있다. 따라서 정직한 역사가라면 여기에서도 '확실성'이 아니라 '가능성'에 도달할 수 있을 뿐임을 인정할 수밖에 없을 것이다.

그러나 이 이야기에 독특한 요소가 깃들어 있다는 것 또한 사실이다. 정확히 말해 '역사적'이라 말할 수 없는, 즉 사건을 건조하게 서술하는 단순한 연대기에서는 찾아볼 수 없는 그런 요소 말이다. 바로 이집트 땅에서도 그 힘을 발휘하시는 이스라엘의 하느님, 곧 야훼의 능력에 대한 성찰이 그것이다. 다시 말해, 이 이야기는 이스라엘의 하느님이야말로 이집트의 진정한 통치자이며 파라오를 훨씬 능가하는, 아니 그와는 차원이 전혀 다른 능력과 힘을 가진 분임을 보여 준다. 그런 이유로 성경의 이 이야기는 순수한 보고서와는 전혀 다른, 오히려 신앙의 메시지를 전달하기에 더 적합한 그런 '문학 양식'을 택하고 있다. 건조하고 중립적으로 사건을 다루는 보고서 같은 방식으로는 이러한 메시지를 충분히 전달할 수 없기 때문이다. 이러한 문학 양식이 역사가의 입장에서는 혼란스러울 뿐이겠지만, 사건의 '의미'를 찾고자 하는 이들에게는 오히려 훨씬 더 이해하기 쉬운 방식일 수 있다. 이집트 재앙을 다룬 성경 이야기들은 이와 같이 무엇보다도 사건의 '의미론적인 면'을 강조한다. 이러한 방식으로 이 이야기들은, '자극적이고 과장된' 방식으로 사건을 표현하는 데 아무런 제한도 두지 않은 채, 그들이 전하고자 하는 성찰 속으로 독자를 자유롭게 초대한다.

이러한 방식의 신학적 성찰은 또한 성경에 묘사되어 있는 이집트 재앙의 '기적적인' 면을 이해할 수 있도록 도와준다. 이 이야기의 목적은 당연히 설명할 수 없는 특별한 현상들을 보여 주려는 데 있지 않다. 그와 반대로, 오직 하느님만이, 곧 이스라엘의 하느님만이 온 자연의, 온 세상의 진정한 주인임을 보여 주려는 데 있다. 파라오나 그의 마술사들은 나일 강에, 곤충에, 메뚜기에, 바람에, 우박에, 빛과 어두움에 명령할 수 있는 능력이 없다. 게다가 그들은 인간과 짐승의 질병을 막을 수 있는 능력조차 가지고 있지 않다. 간단히 말해서, 파라오의 힘과 능력은 제한되어 있다. 전대미문의 현상을 일으킬 수 없기 때문이 아니라, 그가 '자연'에 명령을 내릴 수 없기 때문이다.

사실상 고대의 사고방식은 과학으로 설명할 수 있는 '자연적' 현상과, 과학이 설명할 수 없는 '초자연적' 현상을 현대인들이 일반적으로 하듯이 그렇게 구별해 내지 않았다. 고대 세계에서 가장 중요한 '기적'은 존재한다는 사실 그 자체였다. 존재한다는 것은 확고한 기적이었다. 삶이나 살아 있는 사실보다, 죽음과 죽어 가고 있다는 사실이 훨씬 더 일반적이었기 때문이다. 따라서 무엇보다도 가장 큰 기적은 살아 있는 것들로 가득 찬 하나의 세상이 존재한다는 사실이었다. 더불어 고대인들에게는 모든 '자연' 현상 역시 하나의 기적이었다. 자연에, 그리고 인간 세상에 하느님의 개입 없이는 어떤 것도 발생할 수 없다고 믿었기 때문이다. 이집트 재앙에 대한 성경 이야기는 이 이야기의 저자가 택한 문학적 수단을 통해 바로 이러한 본질적인 진리를 보여 주고자 한다. 그러므로 이집트 재앙들이 오늘날 상당히 간단한 방법으로 '설명 가능한' 것이 되었다고 해서 놀랄 필요가 전혀 없다.

마지막으로 성경의 저자가 그의 이야기를 이집트라는 세상에 매우 적합하게 접목시켰다는 것을 언급해야 하겠다. 앞에서 말했듯이, 성경 이야기가 전하는 재앙들은 이집트 땅의 전형적인, 이미 그 땅에 잘 알려져 있던 현상이었다. 우박처럼 상당히 드문 현상을 다룰 때에 저자는 특별한 방식으로 이를 강조함으로써 이러한 현상조차 이집트에서 충분히 일어날 수 있음을 자연스럽게 표현하였다.

5. 이집트 탈출과 바다 횡단(탈출 13-15장)

1) 파피루스 아나스타시 5와 다른 문헌

이집트 탈출과 바다 횡단 사건의 경우에도, 역사가에게 주어진 상황은 그리 크게 다르지 않은 듯 보인다. 그래도 바다 횡단 사건에 관련해서는 그와 비슷한 이야기가 이집트 문서 중의 하나인 파피루스 아나스타시 5(Anastasi V)에 존재한다. 이 파피루스는 이집트와 시나이 광야 사이의 국경을 지키던 한 장교가 자신의 복무기간 중에 발생한 한 사건에 대한 보고서의 내용을 전해 준다. 당시 이집트는 시나이 반도에서 이집트로 침투하려는 유목민들과 이집트에서 탈출하여 시나이로 건너가려는 이집트 노예들을 감시하기 위해 동쪽 국경에 몇몇 초소를 설치해 두었다. 이 보고서에 의하면, 몇몇 노예가 밤에 그 지역의 늪 속 갈대숲을 이용하여 초소의 감시망을 뚫고 탈출에 성공했다. 여기서 우리는 저 유명한 수에즈 운하가 건설되기 이전, 지중해와 홍해를 잇는 운하의 일정한 지역이 늪지대와 작은 물웅덩이로 이루어져 있었다는 사실을 기억할 필요가 있다.

이집트의 다른 고대 문헌 역시 자유를 찾아 이집트로부터 도망쳐 시나이 광야로 건너간 노예들에 대해 기록하고 있다.

노예뿐 아니라, 이집트 관리들 역시 법정에서 처지가 위태롭게 되면 바로 이쪽 방향으로 도망치곤 했다. 시누에(Sinuhe, 기원전 1962-1928년경)라는 사람의 경우를 그 예로 들 수 있다. 그는 이집트에서 도망치기 위해 작은 배로 호수를 건넜고, 수풀 속에 몸을 숨겼으며, 어둠을 틈타 광야로 나가려는 자들을 감시하는 파라오 보초들의 감시망을 뚫고 탈출하는 데 성공했다. 그리고 이집트에서 이미 만난 적이 있었던 사막 부족의 한 족장에게 피신해 살아갔다.

2) 기록의 부재와 그 이유

위에 언급한 모든 것은 밤에 이루어졌던 싱경의 바다 횡단 이야기(탈출 14,20.21.24.27)의 윤곽을 훨씬 더 구체적으로 그릴 수 있도록 도와준다. 그러나 성경이 말하는 이 '바다'는 모든 가능성을 고려해 보더라도 홍해를 일컫는다기보다, 오히려 고대 수에즈 운하 지역에 존재하던 수많은 호수 중의 하나로 보는 것이 더 옳을 것이다. 더불어 이스라엘 백성의 이집트 탈출 시기를 정확하게 결정해 보려는 모든 시도는, 그것이 매우 가까운 근사치를 요구하지 않는다 하더라도, 무의미할 확률이 너무도 크다고 말할 수 있다. 이집트에서 도망쳐 나간 셈족 노예들의 탈출 사건이 너무나 많았고, 따라서 그 가운데 어떤 것이 성경이 이야기하는 바로 그 탈출 사건인지를 단정 짓는 것 자체가 불가능하기 때문이다.

게다가, 이집트의 어떤 고문서도 모세라는 인물의 인도에 따라 이집트를 떠난 이스라엘 백성을 추격하다가 바다에서 몰살한 이집트 군대에 대해 기록하고 있지 않다. 더욱이 이러한 사건과 관련하여 바다에서 익사한 파라오에 대한 언급도 찾아볼 수 없다. 그 당시 제국의 연대기들이 자신들의 실패와 패배에 대한 기록을 남기는 일에 매우 인색했다는 것은 사실이다. 그러나 성경이 전해 주는 사건들은 아마도 파라오 왕실의 견지에서 전혀 중요하지 않은, 사소하고 우발적인 사건이었을 가능성이 훨씬 더 크다고 말할 수도 있다.

이집트 탈출 사건은 이스라엘 민족의 신앙에서 본질적인 사건이었다. 그렇다고 하더라도 그 사건이 이집트 역사에 어떤 흔적을 남겼을 가능성은 거의 없어 보인다.

3) 이집트 탈출의 여정

이스라엘 백성의 바다 횡단 사건이 어떤 여정을 통해 이루어졌는지에 대해서는 여전히 의문이 남는다고 말할 수 있다. 이와 관련하여 적어도 다음과 같은 세 가지 가능성을 제시해 볼 수 있겠다. 히브리인들이 건넌 바다는 홍해(Mar Rosso)이거나,

또는 이른바 아마리 호수(Laghi Amari)[7] 이거나, 아니면 지중해 근처의 멘잘레 호수[고대에는 시르보니데(Sirbonide) 바다라고 불렸다][8] 일 가능성이 있다. 우리는 습관적으로 이스라엘 백성이 '홍해를 건넜다'고 말한다. 하지만 이스라엘 사람들이 이 여정, 곧 홍해를 선택했을 가능성은 매우 적어 보인다. 홍해가 너무도 깊기 때문이다. 어쨌든 '홍해'라는 번역은 이 바다를 가리키는 히브리 말 표현과도 일치하지 않는다. 오늘날에는 이를 더 정확한 표현으로 '갈대 바다'[9] 라고 번역한다. 앞에서 말했듯이, 오늘날 수에즈 운하가 자리 잡은 지역에 옛날에는 수많은 호수가 있었다. 이 호수들 중 몇몇은 - 예를 들어 아마리 호수처럼 - 오늘날에도 여전히 존재하고 있다. 아마도 이 지역에서, 곧 이러한 호수들 근처나, 아니면 거기에 존재하던 어떤 물웅덩이 곁에서 탈출기 14장 사건의 무대를 찾아야 할 것이다. 그러나 이것 역시 여전히 하나의 '가능성'에 대해 말하는 것일 뿐이다. 성경 이야기는 그 사건의 시간을 추정하게 하기

7_ 영어로 비터 호수(Bitter Lakes)라고 불리는 크고 작은 호수 두 개를 일컬으며 수에즈 운하에 위치해 있다.

8_ 영어로 만잘라 호수(Lake Manzala) 또는 만잘레 호수(Lake Manzaleh)라고 불리며 이집트 북동쪽 나일 강 삼각주에 있다.

9_ '갈대 바다'라는 표현은 히브리 말 יַם־סוּף(yam-sûp 탈출 13,18)의 문자적 번역이다. 그러나 이 바다가 어디를 가리키는지는 여전히 분명치 않다.

나, 지리적으로 그 사건의 위치를 찾아낼 수 있게 할 충분하고 정확한 정보를 제공해 주지 않는다. 성경의 이 이야기 역시 지리적이거나 연대기적인 정확함보다 신앙 체험(탈출 14,31 참조 [10])을 더 중요하게 여기고 있을 뿐이다.

4) 바다 기적

성경이 묘사하는 '바다 기적' 이야기는 그리 큰 어려움 없이 그럴듯한 방법으로 재현해 낼 수 있는 사건이라 말할 수 있다. 이집트에서 도망쳐 나온 히브리인 노예 집단은 이집트의 병거 부대로부터 쫓기고 있었다(탈출 14,5-10). 그러다 그들은 이집트와 사막 사이를 가로지르고 있는 늪지에 다다르게 된다(탈출 14,2.9). 날이 지기 전에 히브리 노예들을 따라잡으려는 이집트인들의 계획은 실패로 돌아가고, 해가 지자 어둠과 함께 거센 샛바람이 불기 시작한다. 그 샛바람은 히브리인들을 막아서고 있던 늪지와 호수들 위로 강하게 불어 닥치며, 호수의 물들을 한쪽으로 밀어붙여 놓았고, 그 사이로 드러난 길을 따라

10_ "이렇게 이스라엘은 주님께서 이집트인들에게 행사하신 큰 권능을 보았다. 그리하여 백성은 주님을 경외하고, 주님과 그분의 종 모세를 믿게 되었다."

이스라엘 사람들은 호수를 조심스럽게 건너간다(탈출 14,9.21). 만일 히브리인들이 바다 근처에 자리 잡고 있었다면, 아마도 바람에 의해 조수潮水가 일었을 것이다. 여하튼, 이집트 병거들의 십중팔구가 이미 이 늪지나, 혹은 바닷가를 지나 들어왔을 것이 분명하다. 성경 이야기는 그것에 대해 분명하게 말하지 않지만, 그 이야기로부터 이러한 설명을 도출해 내기란 그리 어렵지 않다. 게다가 밤에 안개가 잔뜩 깔려, 또는 바람에 의해 솟아오른 거대한 모래구름이 이집트인들의 시야를 가려 이스라엘 사람들을 제대로 추적조차 할 수 없었을 것이다(탈출 14,20-21). 다음 날, 아침이 밝아올 무렵 - 여기에서도 또한 성경 이야기가 분명하게 제공해 주지 않는 요소를 등장시킬 필요가 있다 - 바람은 멈추고, 바다는 제자리로 돌아온다(탈출 14,24). 이집트인들의 병거들은 이미 진흙 속에 빠져 있었고(탈출 14,25), 파도가 빠르게 움직이는 상황에서 이집트인들에게 탈출구란 존재하지 않았을 것이다. 결국 병거들을 버리고 도망치기 시작했지만 어디가 어딘지 분간조차 못하는 곳에서, 되돌아온 바닷물과 맞닥뜨린 이집트인들은 모두 물에 휩쓸려 버리고 만다(탈출 14,27-28). 그리고 새벽녘에 이스라엘 사람들은 바닷가에 죽어 있는 이집트인을 발견한다(탈출 14,30).

이야기에 대한 이러한 해석은 그럴듯한 설득력을 지녔다고 하겠다. 키손 천에서 벌어졌던 전투(판관 4장) 역시 이와 비슷한 사건으로 추측해야 할 것이다. 그 전투에서 가나안 사람들은 철저한 패배를 맛보게 된다. 짐작건대, 그들의 병거가 키손 강 주변의 늪지대에 빠져 옴짝달싹 못했기 때문일 것이다. 드보라와 바락은 이렇게 하초르를 다스리던 야빈 왕의 장수 시스라를 격퇴시킨다. 병거와 기병대에 대항하여 승리를 거둔 보병대에 관한 이와 비슷한 이야기를 우리는 역사에서 쉽게 찾아볼 수 있다.

바다 기적과 관련하여, 대중에게 훨씬 더 잘 알려져 있고 화려한 할리우드 영화에서도 재현되었던 장면, 곧 물이 좌우에서 벽이 되어 주고 그 사이의 좁은 통로를 통해 바다를 건너는 장면은 위에서 말한 고대 전승을 장엄하게 꾸미고 확대시킨 훨씬 후대의 이야기에서 유래한다(탈출 14,21ㄴ-22.29 참조). 이러한 이야기는 이른바 사제계 전승에 속하며, 바빌론 유배 이후에 저술되고 첨가된 부분이다.

5) 말(馬)에 신경과민적인 성경의 하느님

앞에서도 언급했지만, 이 이야기 가운데 가장 흥미로운 요소 한 가지는 병거와 기병을 갖춘 이집트 군대가 패배했다는 사실이다. 이렇게 말하면 다소 이상하게 들릴지 모르겠지만, 성경의 하느님은 말(馬)에 지나치게 신경과민을 보이시는 것처럼 보인다. 그 당시 말은 무엇보다 전쟁에 이용되는, 그리고 군대의 힘을 상징하는 동물이었다. 하느님은 이러한 말에 과민하게 반응하시는 반면, 훨씬 대중적이고 당연히 덜 가치 있는 나귀를 선호하신다. 성경의 수많은 본문은 구원이 '말'(馬), 말하자면 그 시대의 강력한 무기로 무장한 군대로부터 오지 않는다고 단언한다(이사 30,16; 31,1; 호세 1,7; 14,4; 즈카 9,10; 시편 20,8; 33,16-17; 147,10-11). 특히 잠언 21,31은 이러한 생각을 잘 요약해 준다("전시에 대비해서 병마兵馬를 준비하더라도 승리는 주님께 달려 있다"). 유명한 욥 39,19-25[11] 역시 호전적이고 전투적인 측면에서 말(馬)을 묘사한다.

성경의 다른 몇몇 이야기 또한 말(馬)에 대한 이러한 생각들을 암시해 준다. 다윗을 거슬러 반란을 일으켰던 그의 아들 압살롬은 자신의 야망을 드러내기 위해 병거와 말을 마련한다

11_ "너는 말에게 힘을 넣어 줄 수 있느냐? 그 목을 갈기로 입힐 수 있느냐? 너는 말을 메뚜기처럼 뛰게 할 수 있느냐? 거만한 콧김으로 공포를 자아내는 그런 말을? 그것은 골짜기에서 기분 좋게 땅을 차다가 적의 무기를 향하여 힘차게 달려간다. 두려움을 비웃으며 당황하지 않고 칼 앞에서도 돌아서지 않는다. 그 위에서는 화살 통이 덩그렁거리고 창과 표창이 번뜩거리지만 흥분과 광포로 땅을 집어삼킬 듯 뿔 나팔 소리에도 멈추어 서지 않는다. 뿔 나팔이 울릴 때마다 '히힝!' 하고 외치며 멀리서도 전투의 냄새를 맡고 장수들의 우레 같은 고함과 함성을 듣는다."

(2사무 15,1). 그러나 그의 반란은 그에게 행복한 결말을 가져다주지 못했다. 아버지의 군대에 대항하여 벌인 전쟁에서 그가 목숨을 잃기 때문이다(2사무 18장). 다윗의 또 다른 아들 아도니야 역시 이미 나이가 많은 아버지를 계승할 순간이 다가왔다고 생각했을 때 압살롬과 똑같은 길을 선택한다(1열왕 1,5: "한편 하낏의 아들 아도니야는 '내가 임금이 될 것이다.' 하면서 거만을 부렸다. 그러고는 자기가 탈 병거와 말을 마련하고, 호위병 쉰 명을 두었다"). 그러나 그의 운명 또한 압살롬처럼 행복한 결말로 끝맺지 못하였다. 다윗의 후계자는 아도니야가 아니라 솔로몬이었고, 그로 인해 아도니야는 왕좌뿐 아니라 목숨까지 잃어야 했다(1열왕 2,12-25). 그들에 비해, 솔로몬은 말이 끄는 병거가 아닌, 다윗의 '노새'를 타고 예루살렘 도성에 당당하게 입성한다(1열왕 1,38). 우리에게 노새는 임금의 영광과는 전혀 무관한 동물로 보일 뿐이지만, 성경에서는 바로 그 노새가 평화의 임금을 상징하는 동물이다. 그러나 다윗의 진정한 후계자로, 또 평화의 임금으로 의기양양하게 예루살렘에 입성했던 솔로몬 역시 이런 이상에 그리 충실하지는 못하였다. 그가 통치 말년에 군마용 마구간을 세우고 전쟁에 사용할 병거들을 갖추기 때문이다(1열왕 5,6; 9,19.22; 10,26-29).

그와 반대로, 즈카르야 예언자는 메시아가, 마치 솔로몬이 통치 초기에 그랬던 것처럼, 나귀를 타고 예루살렘에 입성할 것이라고 말한다(즈카 9,9).¹² 그가 평화의 임금일 것이기 때문이다. 그는 민족들에게 평화를 선포하기 위해 예루살렘에서 병거와 군마들을 없애버릴 것이다(즈카 9,10).¹³ 복음서들에 의하면, 즈카르야 예언자의 이 예언은 예수가 나귀를 타고 예루살렘에 입성할 때 이루어진다(마태 21,1-10; 마르 11,1-11; 루카 19,28-38; 요한 12,12-16).

말(馬)에 대한 이러한 성경적 사고방식에 맞지 않는 몇몇 예외 중의 하나가 요셉이다(창세 41,43). 파라오에게서 받은 요셉의 병거는 그가 지닌 힘과 권력을 상징한다. 이 이야기에서는 말과 병거가 아무런 비판적 소견 없이 선택되어 사용되고 있다.

말(馬)에 대해 보이는 성경의 신경과민적인 반응은 군대의 힘에 너무 의지하는 모든 권력에 대한 비판을 보여 준다. 이러한 성경 이야기들, 특히 탈출 14장과 판관 4장, 그리고 시편과 예언서들의 본문에 따르면, 군사력에 의지하는 모든 권력은

12_ "딸 시온아, 한껏 기뻐하여라. 딸 예루살렘아, 환성을 올려라. 보라, 너의 임금님이 너에게 오신다. 그분은 의로우시며 승리하시는 분이시다. 그분은 겸손하시어 나귀를, 어린 나귀를 타고 오신다."

13_ "그분은 에프라임에서 병거를, 예루살렘에서 군마를 없애시고 전쟁에서 쓰는 활을 꺾으시어 민족들에게 평화를 선포하시리라. 그분의 통치는 바다에서 바다까지, 강에서 땅 끝까지 이르리라."

결국 무너지기 쉬운 것으로 드러난다.

6. 광야 체류

1) 40년

이스라엘 민족의 40년 광야 체류는 성경 주석에서 적지 않은 문제를 일으킨다. 이스라엘의 과거 유목민 생활에 관해서는 앞에서 선조들에 대해 언급한 것을 반복할 필요가 있겠다. 이러한 생활 방식은 천 년이 넘게 지속되었고, 오늘날까지도 베두인 족은 여전히 네겝과 시나이 광야에서 가축 떼를 끌고 성경이 묘사하는 것과 그리 다르지 않은 방식으로 살아가고 있다.

여기에서 숫자 40은 당연히 상징적 수라고 말할 수 있다(아모 5,25; 탈출 16,35; 민수 14,34; 33,38; 신명 1,3; 2,7; 8,2; 여호 5,6에 나오는 같은 숫자 참조). 그리고 위의 참조 구절 중 아모 5,25을 제외한 나머지 모든 본문은 이스라엘 역사의 후기, 곧 유배시기 이후에 작성된 것이다.

2) 광야에서 행해진 기적

광야 여정과 시나이 산에서의 하느님 현현과 같은 사건에 대해서는, 모두가 쉽게 예상하듯, 관련 기록이 존재하지 않는다. 그러나 몇몇 이야기는 시나이 광야 생활에 대한 좀 더 세심한 이해를 바탕으로 설명될 수 있다. 예를 들어, 탈출기 16장과 민수기 11장이 전해 주는 '만나' 이야기는 그 지역에서 일어날 수 있는 일반 현상 중의 하나다. 이는 그 지역에서 흔히 자라는 위성류과渭城柳科 나무의 수액을 먹고 사는 한 곤충의 분비물과 같은 것으로, 그 분비물은 하얀 색을 띠고, 달콤한 맛을 지닌다.

바위에서 터져 나온 물의 기적(탈출 17,1-7; 민수 20,1-13) 역시 설명이 가능하다. 비록 드문 현상이긴 하지만, 이 지역에서 물이 완벽하게 부족한 일은 거의 발생하지 않는다. 공기 중의 습기가 밤중에 좀 더 시원한 장소에 응결되는데, 예를 들면 깨지거나 갈라진 바위 틈 속에 조금씩 모이게 된다. 게다가 해가 진 이후에 급격히 내려가는 온도의 변화로 이런 현상이 좀 더 쉽게 생기게 된다. 이렇게 모인 습기가 한 곳에 머물게 되는데, 표면장력 현상의 도움으로 때때로 바위 속에 상당한 양의 물이 간직되기도 한다. 그리고 그런 바위 위에 한 번 거친 충격을 가하기만 해도 문자 그대로 바위로부터 '흘러나오는' 물을 볼 수 있다. 물론, 이런 현상을 보기 위해서는 그런 장소가 어디에 있는지를 먼저 알아야 할 필요가 있다.

모세가 '쓴 물'을 먹을 수 있는 '단물'로 바꾸었다는 이야기(탈출 15,22-25) 역시 좀 더 구체적인 배경 요소를 가질 수 있다. 사막이나 광야에서 살아가는 민족들은 몇몇 나뭇가지가 마실 수 없는 물을 마실 수 있는 건강한 물로 바꾸는 효력을 지니고 있다는 것을 알고 있기 때문이다.

메추라기 떼(탈출 16장; 민수 11장)와 다른 새들의 이동 또한 지중해 연안과 시나이 광야에 사는 주민들에게 잘 알려져 있는 현상이었다. 여기에 한 가지 설명을 덧붙일 수 있겠다. 여름이 끝날 무렵 유럽을 떠나 아프리카로 이동하는 메추라기 떼는 살이 올라 상당히 맛이 있지만, 반대로 봄에 아프리카로부터 올라오는 메추라기 떼는 식용에 그리 적합하지 않은 것으로 알려져 있다. 북아프리카와 중앙아프리카에서 메추라기가 섭취한 먹이 때문에 그 고기가 식용에 적합하지 않은 상태가 되기 때문이다. 바로 이러한 현상이 탈출기 16장에서 이스라엘 백성이 먹은 메추라기가 그것을 먹은 사람들의 건강에 전혀 부정적인 영향을 끼치지 않은 것에 반해, 민수기 11장에서는 메추라기를 먹은 많은 이스라엘 사람들이 왜 목숨을 잃어야만 했는지를 설명해 줄 수 있을 것이다.

하느님이 시나이 산에 나타난 이야기는 맹렬한 폭풍우를

묘사한 것이라고 말할 수 있다. 몇몇 학자는 이 장면이 화산 분출을 묘사하고 있다고 생각한다. 그러나 성경 본문은 산으로부터 '내려오는' 화염에 대해 말한다(탈출 19,18). 화산이 분출할 때 화염은 내려오지 않고, 오히려 산 위로 솟아오른다.

물론, 위에서 살펴본 이러한 요소들이 이스라엘 백성의 광야 체류에 대한 성경의 모든 이야기에 굳건하고 충분한 역사적 바탕을 제공해 주지는 않는다. 그렇지만, 위의 요소들이 그 사건들을 어느 정도 그 시대와 장소에 맞게 설정할 수 있도록 도와준다는 것은 사실이다. 더욱이, 이 모든 이야기가 순전히 '꾸며지고 창작된' 이야기라고 말할 수는 없다. 그보다는 오히려 이야기의 설화자들이 광야 생활의 구체적인 조건에 대해 잘 알고 있었다고 말하는 것이 더 바람직할 것이다.

광야에서 하느님이 이스라엘 백성을 위해 행하신 '기적들', 그리고 그 사건들에 대해 살펴보았던 위의 설명에다 짧은 보충 설명 하나를 더 첨가해 보도록 하겠다. 현대인의 사고방식에서 '기적'은 자연적으로 또는 이성적이거나 과학적으로 설명할 수 없는 현상을 일컫는다. 그렇기에 '기적'은 초자연적 방식의 설명을 요구한다. 그러나 이러한 '자연적인 것'과 '초자연적인 것' 사이의 구분은 아주 최근에 와서야 이루어졌다. 이러한 구분 방식이 대부분 계몽주의 시대의 합리주의와 실증주의의 논쟁에서 기인한다는 것이다. 그러나 성경의 사고방식은 이와 같은 방식의 구분을 알지 못한다. 성경의 하느님은 또한 자연의 하느님이다. 바로 이 때문에, 생명이 거의 존재할 수 없는 곳에 그것을 가능케 하는 자연 현상은 모두 다 신의 개입으로 이해되었다. 실제로, 사막이나 광야에서는 '생존하는 것'보다 '죽는 것'이 훨씬 더 일반적인 현상이다. 광야에서 산다는 것, 생존을 위한 것이 전혀 존재하지 않는 곳에서 물과 음식을 찾았다는 것이 그들에게는 이미 하나의 '기적'인 것이다.

3) 광야 체류

이스라엘 백성의 광야 체류와 관련하여, 이탈리아의 고고학자 엠마누엘레 아나띠(Emanuele Anati)의 몇 가지 출판물이 그 역사적 윤곽을 제시해 줄 수 있을 것이다. 네겝의 남쪽, 특히 하르 카르콤(Har Karkom) 지역에서 이루어졌던 발굴 작업은 상당히 흥미로운 결과물을 가져다주었다. 아나띠에 의하면, 네겝 지역, 곧 시나이 광야의 북부는 수천 년에 걸쳐 사람이 살았던 곳으로 밝혀졌다. 이 지역에 살던 거주자들이 기원전 삼천 년대에는 상당한 수를 이루고 있었지만, 기원전 이천 년대(기원전 1950-1000년)가 시작될 무렵 그 수가 갑자기 급격하게 줄기 시작한다. 기원전 천 년대에는 다시 인구가 증가하기 시작하지만, 기원전 삼천 년대의 숫자에 이르지는 못한다. 기원전 이천 년대의 시작과 함께 나타난 이러한 인구의 급격한 감소는 아마도 기후 변화 때문이었을 것으로 추정된다. 이 지역의 농경과 목축이 전적으로 강수량에 의존하고 있었기 때문에, 강수량이 단 한 번만이라도 적었을 경우 심각한 불균형이 발생할 수 있었을 것이고, 또 거기에서 살아남기 위해 인구의 대부분이 거주지를 옮겨야만 했을 것이기 때문이다. 따라서 그 지역의 많은 주민이 스스로 그곳을 포기했다고 생각해 볼 수 있다. 그때 그들에게는 북쪽 가나안 땅을 향해 이동하거나, 또는 서쪽 이집트로 이주할 수 있는 두 가지 가능성이 존재했을 것이다. 바로 이 두 가지 가능성에서 광야의 이스라엘 공동체는 서로 갈라지게 된다. 모세는 가나안 땅에 정착하기 위해 북쪽으로 갈 것을 주장하는 반면, 백성은 서쪽 이집트로 가겠다고 주장하는 것이다(탈출 14,11-12; 16,3; 17,3; 민수 11,18.20; 14,2-4; 16,13-14; 20,5-6; 21,5). 따라서 성경 이야기들과 - 그들 대부분이 상당히 후기에 작성된 것이라 하더라도 - 고고학 자료들 사이에 얼마간의 일치점이 존재한다고 말할 수 있다.

하지만, 여기에서도 여전히 신중함을 유지해야 할 필요가 있다. 광야에서 우리가 모세와 이스라엘 민족을 발견한 것이 아니기 때문이다. 우리는 단지 상당히 오랜 기간 동안, 더 구체적으로는 기원전 4000년에서 기원전 2000년 사이에, 상대적으로 많은 사람이 네겝 광야에 살았다는 흔적만을 찾았을 뿐이다. 그리고 이 사람들이 기원전 2000년 또는 기원전 1950년경부터 사라지기 시작했다는 사실을 알고 있을 뿐이다. 이들은 아마도 이집트나 팔레스티나 지역으로 옮겨갔을 것이고, 이러한 사실은 이스라엘 민족의 광야 체류, 그리고 남쪽으로부터 시작된 그들의 정복 사업에 대해 성경에 묘사된 것이 위의 사실들과 상당히 비슷하게 맞아떨어질 수 있음을 시사해 준다. 아마도 – 다시 한 번 확인하기 어려운 간단한 가설에 대해 이야기할 뿐이다 – 바로 여기에서 이스라엘 민족의 광야 체류에 대한 성경의 몇몇 전통이 기원하였다고 말할 수도 있을 것이다.

그러나 이와 같은 가설 역시 중대한 문제점을 안고 있다. 그 가설을 따르기 위해서는 성경의 몇몇 이야기를 기원전 2000년경까지 거슬러 올라가게 할 필요가 있기 때문이다. 구전에 관한 최근의 연구 결과는 전통적인 민중 이야기들이 오랜 기간 동안 보존될 수 있고, 그러한 구전을 통해 과거의 기억이 상당히 잘 전달될 수 있음을 보여 주고 있다. 그럼에도 불구하고, 전통은 그가 속한 주위의 환경에 따라 심하게 변화되고, 적응하며, 각색되고, 해석되기도 한다. 따라서 전해진 이야기들에서 천 년보다 훨씬 이전으로 거슬러 올라갈 수 있는 역사적 요소를 정확하게 다시 찾아내고자 한다거나, 특히 역사의 재구성을 위해 이야기가 전해 주는 세부 사항에 신뢰를 두는 것은 그리 신중치 못한 행동이라 하겠다.

그러나 이후에도 한 가지만은 여전히 분명한 사실로 남는다. 그것은 사람이 지속적으로 살기에 네겝 땅은 너무도 불안정하고 불확실한 지역이라는 사실이다. 그러므로 이 지역에서 생활하는 데 따른 어려움을 기술한 성경의 이야기들은 어느 시대에든 일어날 수 있는 이야기라고 말할 수 있다. 그리고 살아남기 위해 이집트로 되돌아가거나, 또는 북쪽을 향해 가고자 하는 바람은 이 지역에서 살았던 주민들에게 언제나 변함없이 존재했던 유혹이었을 것이다. 때때로 호의적이지 않은 기후 여건 때문에 삶이 더 힘들어질 때, 이러한 바람은 훨씬 더 강렬해졌을 것이다.

이러한 가설은 모세와 그의 광야 활동에 대해 훨씬 더 좋은 밑그림을 그릴 수 있도록 도와준다. 성경은 모세가 약속의 땅에 들어가지 못한 채 광야에서 삶을 마감했다고 수차례 언급한다. 모세의 '잘못'에 대해 언급하는 성경 본문(민수 20,12-13; 신명 1,37-38; 3,23-28)들은 그러나 모두 이스라엘 역사 후기에 작성된 것이고, 게다가 이 본문들은 전통으로부터 전해져 내려온 이 사실(모세가 약속의 땅이 아닌, 광야에서 죽었다는 사실)을 신학적 견지에서 설명하고자 노력하고 있을 뿐이다. 다시 말해, 이 본문들은 모세가 이스라엘 백성을 이집트 땅에서 이끌어 내 젖과 꿀이 흐르는 땅으로 인도할 영도자가 되었을 때 이미 시작된, 바로 그 순간부터 피할 수 없었던 한 가지 질문, 곧 '왜 모세는 약속의 땅에 들어가지 못했는가?'라는 질문에 답변을 제시해 주고자 한다는 것이다. 그리고 이스라엘 역사의 후기에 속하는 이 본문들의 저자들은 모세가 이렇게 약속의 땅에 들어가지 못한 이유를, 그에게 내린 하느님의 형벌 이외의 다른 것으로 설명해낼 수가 없었다. 그래서 그렇게 이 사건을 설명하고 있는 것이다.

그러나 원래 모세는 광야에 살면서 그곳에서 종교적이자, 정치적인 우두머리로 활동하던 인물이었을 것이다. 그리고 아마도 자신이 원래 살던 그 광야에서 삶을 마감했을 것이다. 네겝 광야에는 오랜 시기에 걸쳐 적지 않은 신전들이 존재했고, 본래 이집트 사람이었던(그의 이름을 참조하라) 모세는 아마도 그 신전들 중 하나에서 활동하던 인물이었는지도 모른다. 그리고 이러한 가정은 상당히 설득력이 있어 보인다.

어쨌든, 모세와 같은 인물이 종교적, 정치적 활동을 펼칠 수 있었던 현장의 윤곽은 분명히 존재한다. 그러나 이러한 성찰이 우리가 모세를 발견했다고 단언해 주지는 못한다. 다만 고고학이 모세와 같은 성경의 인물을 배치할 수 있는 어떤 그림의 윤곽을 그려 준다고 말할 수 있을 뿐이다. 가능성에서 확실성으로 옮겨가기 위해서는, 그리고 모세가 존재했다는 사실을 분명하게 보여 주기 위해서는 아직 우리가 가지고 있지 않는 또 다른 긍정적이고 확실한 요소가 여전히 그리고 반드시 우리에게 필요하다고 말해야겠다.

결국, 모세가 구약성경을 이해하는 데 열쇠가 되는 인물이란 사실만을 반복해서 말할 수 있겠다. 왜냐하면 모세의 법과 제도가 이스라엘 백성에게 유배 시기 이후에도, 곧 그들이 더 이상 왕정이나 땅의 정치적 자치권을 가지고 있지 않는다 해도 여전히 이스라엘 백성으로서 생존해 나갈 수 있다고 말해 주기 때문이다. 더불어, 광야에서 모세의 영도 아래 살았던 이스라엘 백성의 상황은 하나의 상징이라 말할 수 있다. 유배 이후의 이스라엘 민족이 바로 그와 매우 비슷한 상황에서 살아가야 했기 때문이다. 따라서 이 본문들의 근본 의도는 역사적 모세의 자화상을 그려 내고, 광야에서 보낸 이스라엘 선조들의 오래된 과거를 재구성해 내려는 것이 아니라, 이스라엘 백성이 유배 시기 이후에 직면해야 했던 문제들에 대한 해답과 그 해답에 담긴 본질적인 메시지를 전달하는 데 있다고 말할 수 있다.

4) 시나이 산

시나이 산을 어디에 자리매김해야 하는지에 대한 논쟁은 여전히 진행형이다. 적어도 서로 조화될 수 없는 서너 가지 가설이 존재한다. 몇몇 학자는 시나이 산이 현재 성녀 가타리나 수도원 근처['모세의 산'이라 불리는 거대한 제벨 무사(Djebel Musa) 산으로, 여러 개의 산 정상으로 이루어져 있다]라고 말한다. 다른 학자들에 따르면, 시나이 산은 사우디 아라비아의 아카바만 동쪽, 알히야즈(Al-Hijaz) 산 북쪽에 존재한다. 왜냐하면 오직 그곳에서만 고대의 화산이 발견되었고, 적어도 이 가설을 지지하는 학자들에게는, 탈출기 19장의 이야기가 화산 분출을 묘사하는 것처럼 보이기 때문이다. 최근에 고고학자 엠마누엘레 아나띠는 시나이 반도의 북쪽, 네겝 산악지대에 위치한 하르 카르콤(Har Karkom)을 시나이 산으로 제안했다. 그러나 지금까지는 시나이 산, 또는 호렙 산(신명기에서 사용하는 이름)이라 불리는 성경의 장소를 확실하게 감정해 내는 일이 불가능하다는 사실을 인정할 필요가 있겠다.

 우리가 봉착한 이 어려움에는 여러 가지 다양한 이유가 존재한다. 그중 가장 주요한 이유는, 성경에서 시나이 또는 호렙 산이 지리적 장소를 일컫기보다, 오히려 법률적 장소를 가리키고 있다는 단순한 사실 때문이다. 실제로 시나이 산은 이스라엘이 하느님 백성으로 형성된 장소요, 그 백성에게 가장 근본적인 법이 주어진 장소다. 성경에서 이스라엘 역사의 이 순간으로 거슬러 올라가는 모든 법과 제도는 모두 근본적이요 본질적인 것이 된다. 그에 비해, 그렇지 않은 법은 근본적이라 말할 수 없다. 성경에서는 바로 이러한 사실이 시나이 산의 정확한 지리적 자리매김보다 훨씬 더 중요하다.

더불어, 시나이 산을 언급하는 모든 본문이 단 한 가지 점에 있어서만은 서로 정확하게 일치한다는 것도 함께 언급해야 하겠다. 모든 본문이 이렇게 일치를 이룬다는 것은 그것이 가장 본질적인 내용을 담고 있기 때문이라고 말할 수 있겠다. 그것은 시나이 산이 이스라엘 땅이 아니라, 바로 '광야'에 존재한다는 사실이다.

5) 모세의 법

이스라엘 백성에게 모세의 법은 전부 다 필수적이고 본질적인 것이다. 그럼에도 이 법의 한 가지 측면에 깜짝 놀라게 되는데, 그것은 이 법이 이스라엘 땅이 아니라 그 땅 밖에서 제정되었다는 사실이다. 이스라엘이 그의 하느님과 계약을 맺고 한 '백성'이자 한 '민족'이 된 시나이 산은 약속의 땅이 아니라 광야에 존재한다. 따라서 시나이는 예루살렘 성전이 있는 시온 산보다 훨씬 더 중요한 산이 된다. 시온 산이 아니라 바로 시나이 산에서 이스라엘이 태어났기 때문이다.

이러한 사실로부터 중요한 결론 하나를 도출해 낼 수 있다. 그 결론이란 한 민족으로서 이스라엘은 그들 소유의 땅이 없어도, 왕정이 없어도, 그리고 성전이 없어도 여전히 존재할 수 있으며, 살아나갈 수 있다는 것이다. 왜냐하면 이스라엘 민족은 땅의 정복보다, 왕정보다, 솔로몬이 세운 성전보다 훨씬 더 오래되었기 때문이다. 이스라엘은 분명히 그들의 땅을, 그들의 왕을, 그들의 성전을 언젠가 소유하게 되길 희망해 왔다. 그러나 주어진 상황에 따라 이러한 그들의 희망이 성취되지 않을 수도 있고, 또한 하루살이 같은 여건에서 방랑하며 살아가야 하는 민족이 될 수도 있다. 그러나 분명한 것은 이 모든 것을 소유하기 이전부터 이스라엘 민족은 이미 존재했고, 따라서 이 모든 것을 잃은 후에도 역시 존재하고 살아남을 수 있다는 것이다.

이러한 '시나이 신학'의 요점 또는 이스라엘을 구성하는 중심축은 두 가지라고 말할 수 있다. 법과 제사가 바로 그것이다. 첫째는 법률적인 축을, 둘째는 경신례적인 축을 이루고 있지만, 동시에 이 둘은 서로 긴밀하게 연결되어 있다. 이스라엘의 법이 신적 권위로부터 주어졌기 때문이다.

이스라엘의 법

시나이 산에서 제정된 이스라엘의 법은 고대 근동에 잘 알려져 있던 다른 법들과는 상당한 차이를 보인다. 그 이유인즉, 그 법의 유효성이 한 영토에 국한되지 않을뿐더러, 그 법을 법으로 인정하는 권위의 근거가 하나의 왕정이 전통적으로 지녀 왔던 권위의 근거와는 전혀 다르기 때문이다.

이스라엘의 법은 강제強制가 아닌 동의同意에 바탕을 둔다. 모든 백성은 자유롭게 그의 하느님과의 계약에 들어서고, 언제나 자유롭게 그 법을 준수할 것을 서약한다. 다시 말해서, 이스라엘은 하느님 백성이 되기 위해 그의 법과 규범을 자유롭게 받아들였다. 이 법은 강요되지 않고 제안되었으며, 따라서 모든 '시민' 곧 이스라엘 백성의 모든 구성원 하나하나가 공개적으로 그것을 준수할 것을 서약할 때에야 유효하게 되는 그런 법이다.

이스라엘의 법이 백성의 동의보다 오히려 신적 권위에, 그리고 모세의 권위에 훨씬 더 그 기반을 두고 있다고 이의를 제기할 수도 있다. 그러나 신적 권위는 인간적 권위와는 다르다. 어떤 법이 신적 기원을 가지고 있다고 말한다면, 그 법이 그 누구에 의해서도, 곧 어떤 인간적 권위에 의해서도 강요된 것이 아니라는 뜻을 가진다.

더욱이 모세가 지녔던 권위 역시 일반적인 인간적 권위와는 다른 것이었다. 모세의 권위는 어떤 강제력도, 어떤 감시도, 어떤 군사적 힘도 지니고 있지 않을뿐더러, 백성이 의존할 수 있는 어떤 경제적인 힘조차 가지고 있지 않았기 때문이다. 모세가 지녔던 권위는 '질적'인 차원에서 내면적인 것이었지, 외면적인 것이 절대로 아니었다. 이를 오늘날 표현으로 바꾸어 보면, 모세의 권위는 그가 지닌 '자격'으로부터 오는 것일 뿐, 그가 지닌 정치적, 경제적 '힘'에서 오는 것이 아니라고 말할 수 있다. 모세는 권위 있는 자다. 하느님이 그와 얼굴을 마주하고 말씀하시기 때문이며(신명 34,10), 입과 입을 마주하여 말씀하시기 때문이다(민수 12,8). 따라서 이러한 권위는 인간적 '질'에 바탕을 두고 있을 뿐 – 성경에서는 종교적인 '질'을 말한다 – 그가 소유하고 있는 물질적인 것과는 전혀 관계가 없는 것이다.

이스라엘은 바로 그러한 '가치' 위에서 한 민족으로 형성되었다. 다시 말하면, 그가 원하는 '사회 건설'의 현실화를 위해 필요한 모든 물질적인 여건이 충족되기를 전혀 기대하지 않은 채, 오로지 근본적인 인간적 가치 위에서만 자신의 정체성을 세우고자 했다는 것이다. 바로 이 점에서 성경은 그것이 놀랍도록 진보적이고, 현대적임을 우리에게 보여 준다.

제사

위와 똑같은 상황이 광야에서 모세에 의해 제정된 제사에서도 발견된다. 광야에서 지어진 '성소'의 기본 특징은 그것이 지녔던 '이동성'이었다. 간단히 말해, 이동할 수 있는 천막이 하느님 현존의 가장 중요한 표징이었다는 것이다. 바로 그 천막이 광야에서 약속의 땅을 향해 나아가고 있는 백성의 발걸음을 인도하고 동행한다. 따라서 하느님은 약속의 땅에서만 사시는 분이 아니다. 뿐만 아니라, 당신 백성 한가운데서 그들과 함께 살기 위해 안정되고 궁극적인 거주지 - 솔로몬이 짓게 될 성전 - 가 마련되기를 기다리지도 않으신다. 오히려 위험하고 불확실하며 임시적인 상황을 백성과 공유하기 위해 죽음이 지배하는 광야 속으로 들어오신다. 이를 다르게 표현하면, 이스라엘은 죽음의 왕국에서조차 생존할 수 있다고 말할 수 있겠다. 왜냐하면, 이스라엘의 하느님이 일반적으로 죽음이 승리하는 곳에서조차 당신 백성과 함께 살아가고 계시기 때문이다. 이를 정치적 언어로 표현하면, 보통 한 민족과 한 나라로 존재할 수 없는 상황에서도 이스라엘은 한 민족과 한 나라로 살아남을 수 있다고 말할 수 있다. 사실상, 이스라엘 백성은 온전하고 충만한 의미에서의 한 '나라'로 존재하기 위해 고대 근동에서 본질적으로 요구되던 두 가지, 곧 그들 소유의 땅과 왕정王政이라 불리는 자치 정부를 가지고 있지 않았다.

임시적인 곳에 '거주하실 수' 있고, 나아가 위험하고 불완전한 상황에서 당신 백성을 살아남게 하실 수 있는 하느님에 대한 이러한 신학은 육화肉化 신학을 준비하고 예고해 준다. 신약성경의 한 구절은 구약성경이 가지고 있던 이러한 생각들을 자신에게 적용시키며 다음과 같이 말한다. "말씀이 육肉이 되셨고, 그의 거처(곧, 천막)를 우리 가운데 세우셨다. 우리는 그의 영광을 보았다"(요한 1,14). 요한 복음사가에 의하면, 말씀은 불완전한 인간 세상에 당신이 거처할 천막을 세우기 위해 오신다. 그리고 하루살이와 같이 약하디 약한 인간의 모든 조건을 스스로 취하신다. 이는 구약성경과 마찬가지로 신약성경 또한 하느님이 바로 우리가 사는 세상 안에 존재하고 계심을 말해 주며, 더 나아가 생명의 충만함이 이 땅에서 '순례자'로 살아가는 모든 이에게 어떤 방식으로든 이미 주어졌다는 사실을 일깨워준다. 하느님은 순례의 끝에서, 곧 영원한 생명의 문 앞에서 순례자들을 기다리시지 않는다. 그분은 영원한 도성을 향한 길고 긴 여정을 우리와 함께 완성하기 위해 스스로 순례자의 배낭을 매고 지팡이를 잡으시는 분이다.

따라서 이러한 신학적 성찰의 노력이 결정적이고 최종적인 형태로 자리 잡은 것은 유배 이후 시기, 곧 소유했던 땅을 잃어버린 후, 왕정이 사라진 후, 그리고 성전이 파괴된 이후라고 결론지을 수 있다. 이스라엘 민족이 그들의 땅에서, 그들의 왕들에 의해 다스려지며, 예루살렘 성전이나 다른 성소들에서 하느님께 제사들 드릴 수 있었을 때에 이러한 신학을 만들었다고 가정하는 것은 실로 어려운 일이다.

5장

땅의 정복과 유목민들의 정착: 피지배계층의 반란 또는 사회적 진화?

1. 여호수아기와 고고학

여호수아기는 약속의 땅을 정복하기 위한 두 번의 거창하고 특별한 전투에 대해 매우 자세하게 묘사한다. 예리코 성읍의 점령(여호 6장)과 아이 성읍 사람들과의 전투(여호 7-8장)가 그것이다. 그와 다르게 나머지 약속의 땅에 대한 정복 이야기는 상당히 간결하고 요약된 형식으로 묘사되고 있다(여호 10장; 12장 참조).

1) 여호수아기의 역사적 문제

학자들이 정리한 연대기에 의하면, 예리코 점령 사건은 기원전 1200년경에서 1100년경 사이에 일어난 일로 추정된다. 그러나 성경 주석가들과 역사가들에게 위의 연대는 즉각적으로 중대한 문제점을 일으킨다. 바로 그 시대에 예리코와 아이 성읍에는 사람이 살고 있지 않았기 때문이다. 따라서 여호수아의 인도 아래 약속의 땅을 향해 가던 이스라엘 백성은 이미 파괴되고 붕괴된 성읍(예리코와 아이) 앞에 도착한 셈이 된다(사실, 히브리어 '아이'는 '파괴' 혹은 '폐허'를 의미한다). 이 성읍들이 이미 폐허가 되었기에 거기에서부터 이러한 이야기들이 생겨났는지도 모르겠다. 어쨌든, 이러한 성경 본문과 고고학이 입증한 사실 사이의 간격을 좁히기 위해 그간 다양한 이론이 제시되어 왔다. 여기서 그 이론들을 모두 설명할 수는 없지만, 어찌 되었든, '실제 역사'와 '성경의 역사' 사이에 주목할 만한 차이가 존재한다는 당혹스러운 사실은 그대로 남게 된다고 말할 수 있다.

2) 여호수아기와 '영웅 서사시적' 문학 양식

이 문제를 해결하기 위해서는, 다른 경우에서처럼, 우선 성경 이야기와 그 이야기의 의도가 무엇인지를 정밀하게 분석하는 데에서 출발해야 할 것이다. 이를 위해 무엇보다도 여호수아기가 전체 성경 중에서 몇 되지 않는 '영웅 서사시적' 문학 양식으로 쓰였다는 사실을 기억해야 한다.

여호수아기가 지닌 영웅 서사시적 문학 양식의 특징은 가나안 땅의 민족들과 이스라엘 백성이 벌이는 전쟁을 묘사하는 방식에서 특히 잘 드러나고 있다. 단 한 가지 경우를 제외하고, 즉 아이 성읍을 점령하고자 했던 첫 번째 시도(여호 7장)를 제외하고, 여호수아는 승리에 승리를 거듭한다. 어느 누구도 여호수아를 막아 내거나 그의 상대가 될 수 없어 보인다. 처음에 실패한 아이 성읍의 경우, 그 이유는 여호수아 때문이 아니라, 부정한 것을 모두 없애 버리라는 하느님의 명령을 지키지 않은 이스라엘 사람 아칸 때문이었다. 따라서 이 이야기의 의도가 매우 분명하다고 말할 수 있다. 하느님의 명령을 지키지 않으면 그 누구도 벌을 받지 않거나 무사할 수 없다는 것이 바로 그 의도다. 결국 다른 영웅 서사시에서 그렇듯, 여호수아기에서도 완벽한 승리나 완벽한 패배만이 존재할 뿐, 절반의 승리는 존재할 수 없다.

여호수아기의 영웅 서사시적 문학 양식의 특징은 이스라엘 역사 가운데 이 순간이 가장 '완벽한 순간'으로 묘사된다는 데에서도 잘 드러난다. 실제로 여호수아 시대는 구약성경의 역사에서 황금기에 속한다고 말할 수 있다. 이스라엘이 그의 하느님에게 충실했기 때문이며 - 오직 아칸의 경우를 제외하고(여호 7장) - 하느님의 법을 지키는 데 가장 모범적인 모습을 보여 주기 때문이다(여호 24,31; 판관 2,7). 바로 이것이 약속의 땅에 대한 정복 사업의 성공을 설명해 준다.

　이러한 성찰은 여호수아기를 어떻게 바라봐야 하는지에 대한 나름의 결론을 제시해 준다. 분명히, 여호수아기가 실제로 일어난 일들을 상세하게 서술하는 역사의 연대기라고 말할 수는 없다. 오히려, 이스라엘 역사 가운데 가장 이상적이고 모범적인 시대에 대해 묘사하는 책이라 말할 수 있다. 적어도 이스라엘의 역사 가운데 한 번쯤, 아마도 약속의 땅에 들어서고 거기에 삶의 터전을 조금씩 마련하며 살던 때에, 이스라엘은 모세가 전해 준 법 안에서 하느님이 정해 주는 규범을 충실히 지키며 살아갈 수 있었을 것이다. 여호수아기는 영웅 서사시에서와 같은 이러한 완전한 세상으로 우리를 이끌어 줄 뿐, 우리로 하여금 역사 편찬이라는 무미건조한 길을 달리게 하지는 않는다. 그렇다고 해서, 영웅 서사시가 순수한 허구를 뜻하는 '전설'을 의미한다고 말할 수는 없다. 빅토르 위고(Victor Hugo)는 "영웅 서사시는 전설의 문 앞에서 들려진 이야기"라고 정의한다. 시적인 이 정의에 의하면, 영웅 서사시는 그의 영웅들을 칭송하고, 주인공과 사건들을 아름답게 꾸밀 뿐만 아니라,

단순한 묘사를 뛰어넘어 그들을 찬양하고, 더불어 독자들의 마음속에 경탄의 마음을 증진시키고자 한다. 따라서 이러한 영웅 서사시의 첫 번째 의도가 그 이야기에 대한 역사적인 예리한 비판적 감각에 있지 않다는 것은 너무도 분명한 사실이 된다.

이러한 영웅 서사시적 이야기로부터 역사적 요소를 발굴해 내려면 영웅 서사시적 문학 양식의 틀로부터 그것을 분리, 추출해 내는 일이 반드시 필요하다. 이 과제는 생각보다 훨씬 더 복잡할 수 있다. 성경 이야기의 저자들은 이러한 차원에서 연금술사들과 매우 닮았다고 말할 수 있다. 그들은 무언가 상당히 다른 것을 만들어 내기 위해, 다시 말해 영웅 서사시적 이야기를 만들어 내기 위해 최초의 요소들, 즉 오래된 기억들과 고대의 전승을 완벽하게 변형시켰다. 그러나 이론상, 맨 처음에 이러한 사건에 대한 역사적 기억들이 존재했었다는 사실을 제외시킬 수는 없다. 오히려 상당히 그럴듯한 근거들을 바탕으로 그런 사건들이 쓰인 그대로 일어났었다고 가정할 수도 있을 것이다. 그러나 많은 경우, 실존하는 영웅 서사시적인 이야기에서 역사적 사실을 구별해 내는 이러한 작업은 매우 어렵거나, 거의 불가능한 일이 되어 버렸다. 따라서 실제로 어떤 일이 일어났는지에 대한 확고한 결론에 도달하기 위해서는 이러한 연구가 성경 밖의 문서에 대한 연구와 고고학의 증거와 같은 다른 여러 요소에 반드시 그 근거를 두고 있어야만 할 것이다.

2. 이스라엘 민족의 가나안 땅 정착에 대한 이론들

영웅 서사시적 이야기는, 앞에서 살펴본 것처럼, 사건들의 진행 과정을 사실 그대로 정확하게 전달해 주지 않는다. 이 때문에 성경 주석가들은 이스라엘 민족이 실제로, 그리고 구체적으로 어떤 과정을 거쳐 가나안 땅에 정착하게 되었는지에 대해 묻게 된다. 주목할 만한 이론 세 가지를 여기에 소개한다.

1) 군사적 정복

올브라이트(W. F. Albright) 학파가 제시한 첫 번째 이론은 – 가장 전통적이고, 몇 년 전까지만 해도 가장 일반적으로 받아들여졌던 것인데 – 성경 이야기 대부분이 신뢰할 수 있는 내용을 담고 있다고 간주하는 데에서 출발한다. 따라서 이 이론은, 기원전 1200년경에 정말로 정복 사업이 있었을 것이라고 말한다. 실제로 몇몇 성읍이 바로 이 시기에 파괴되었으며, 그 이후에 나타난 문화 수준의 현저한 감소도 눈에 띈다. 그러나,

가나안 땅 전체가 이 시기에 정복되었다는 것을 증명해 내기란 불가능한 일이다. 실상, 판관기 1장과 같은 본문은 여호수아기가 그려 놓은 정복 사업에 대한 거대한 영웅적 프레스코화를 상당히 축소하여 보고한다. 게다가 왕정 시대에 이르러서야 비로소 이스라엘 민족이 살던 모든 영토에 동질同質의 문화가 존재할 수 있었다.

그러므로, 성경이 전해 주는 땅의 정복 사업이 장기간에 걸쳐 점차적이고 점진적으로 이루어졌다고 보는 것이 훨씬 더 적절할 것이다. 따라서 성경이 보여 주는 여호수아의 전광석화 같은 정복사업은, 앞에서 말했듯이, 문학적으로 재건되었을 가능성이 크다고 말할 수 있다. 그럼에도 불구하고, 성경 이야기는 분명 '어떤 실제 사실에 그 바탕을 두고 있다'고 말할 수 있다. 왜냐하면, 일련의 군사적 정복에서 승리한 - 그것이 어떤 것이든 또 어떻게 이루어졌든 - 이후에야 이스라엘이 가나안 땅을 소유할 수 있었을 것이기 때문이다.

2) 반유목민들의 점진적 정착

첫 번째 이론이 가진 가장 중대한 문제점을 해결하기 위해, 특히 예리코와 아이 성읍에서 수행된 발굴 작업으로부터 제기된 문제점 - 앞에서 언급한 연대의 불일치 - 을 해결하기 위해 유명한 독일의 성경 주석가 알브레흐트 알트(Albrecht Alt)가 두 번째 이론을 제안했다. 그의 이론에 따르면, 이스라엘 민족의 가나안 땅 정착은 놀라운 속도로 이루어진 군사적 정복의 결과라기보다 오히려 광야 지역으로부터 유래한 반유목민들이 느리고 평화로운 방식으로 가나안 땅에 스며든 것으로, 그렇게 점진적인 과정을 거쳐 가나안 땅에 정착한 것으로 봐야만 한다는 것이다. 이스라엘 민족의 조상이었던 반유목민들은 계절에 따른 가축의 이동 때문에 사람이 덜 거주하던 가나안 땅을 정기적으로 찾아왔을 것이다(더 구체적으로, 목초지를 찾는 이러한 이동이 건기에 속하는 4월부터 10월 사이에 이루어졌을 것이다). 이러한 과정을 반복하면서 그들은 조금씩 조금씩 가나안 사람들이 거의 살지 않던 땅들, 특히 비탈진 초지를 차지해 나갔을 것이다. 이렇게 이스라엘 부족들은 산지와 척박한 땅을 시작으로 점차 비옥한 평야까지 점진적으로 정착지를 넓혀 갔을 것이고, 마침내 일정한 힘을 가질 수 있었던 왕정 시대에 이르러서야 가나안 성읍들을 정복했을 것이라고 이 이론은 주장한다.

3) 가나안 성읍들에 대항한 피지배 계층의 반란

세 번째 이론은 이스라엘 민족의 가나안 땅 정착을 또 다른 측면에서 설명해 주고 있다. 왕정 시대 이전에 도대체 무엇이 서로 다른 부족들을 한 민족으로 결합시킬 수 있었는가? 그것을 가능케 한 것은 오직 하나의 신에 대한 신앙이었을 것이고, 그 신은 요새화된 성읍으로부터 출발하여 지역 전체를 다스리던 가나안 사람들이 믿는 신과는 전혀 다른 신이었을 것이다. 미국의 성경 주석가인 조지 멘덴홀(George Mendenhall)과 노먼 갓월드(Norman K. Gottwald)가 제안한 이 이론은 이 주제에 대한 사회학적 관점의 성찰을 보여 준다. 여기에 노먼 갓월드의 기념비적 작품, 《야훼의 부족들(*The Tribes of Yahweh: A Sociology of the Religion of Liberated Israel*, 1250-1050 B.C.E.)》(London: SCM, 1979)에 잘 나타나 있는 이 이론의 주요 부분을 요약하여 소개하고자 한다.

이 이론에 의하면, 히브리인들은 대부분 가나안 성읍들을 위해 일하는 농민이나 노예였다. 그 당시 성읍은 전투용 병거를 갖춘 전문적인 군대를 보유하기 위해 농촌에 살던 농민들을 반드시 지배해야만 했었다. 이는 군대에서 말(馬)을 사육하는 데 필요한 상당한 비용을 이 농민들로부터 (세금과 징수를 통해) 충당할 수 있었기 때문이었다. 게다가, 인구의 극히 일부분을 차지하고 있던 이 군인들은 농촌에 살던 이 피지배 계층 사람들의 희생을 바탕으로 살아가던 존재였다. 그들 스스로 기본적인 생산 활동에 참여하지 않은 채 살아갔기 때문에, 군대를 보유하기 위해서는 그들을 위한 '잉여 생산'이 반드시 필요한 상황이었다. 결국 농민과 노예 같은 무산계급 위에 권력을 쥔 소수 계층의 지배력이 안전하게 보장되지 않는 이상 이 모든 것이 제대로 이루어질 수 없었던 것이다. 따라서 이러한 착취 제도를 유지하기 위해 부역, 강제노역 그리고 노예 같은 제도가 도입되었다. 나아가, 노예가 된 사람들에게는 반역을 꿈꾸는 것조차 쉽지 않았다. 그들 역시 지배 계층과 똑같이 가나안의 신, 곧 엘(El) 신을 섬기고 있었기 때문이다.

그러나 이집트로부터 올라온 레위족에 속하는 작은 집단이, 광야에서 일정한 기간을 거쳐, 가나안 땅에서 착취당하고 있는 피지배 계층 사람들에게 새로운 신앙, 곧 야훼(YHWH) 하느님에 대한 신앙을 주입시키면서 모든 것이 변하기 시작한다. 그들이 이 '새로운' 신을 자기네 신으로 믿게 되면서 가나안 사람들로부터 분리될 수 있는 가능성이 생기게 된 것이다. 이렇게 야훼 하느님에 대한 신앙은, 또 그 하느님과의 계약에 대한 이념은 그들에게 자신들만의 길을 선택하여 나아갈 수 있는 가능성을 열어 주었을 뿐만 아니라, 더불어 소집단이나 기원이 다른 여러 부족으로 이루어져 있던 이 피지배 계층 사람들을 하나의 집단으로 통합시키는 촉매가 되어 주기까지 한다. 결국, 하나의 '이스라엘 백성'을 탄생시킨 핵심 요소가 바로 종교였던 것이다.

새로운 신앙, 새로운 종교를 바탕으로 서로 다른 피지배 계층인 농민과 노예들은 그들의 주인들을 거슬러 반란을 일으키게 되고, 그들 대부분은 산악 지대로 피신해 몸을 숨긴다. 아마도 이 시기에 새롭게 도입된 기술의 도움으로 – 산등성이에서도 경작할 수 있는 기술과 회반죽으로 저수조의 물이 새지 않게 하는 기술 – 그들은 이 황폐한 지역에 정착할 수 있었을 것이다. 더불어 기원전 일천 년대 초기에 일어난 철의 조직적인 사용과 철제 도구의 제작이 그때까지만 해도 경작할 수 없다고 여겨졌던 땅에서조차 농사를 짓고 살 수 있도록 도움을 주었을 것이다. 구리로 만든 것보다 훨씬 단단한 철제 도구들이 산림을 개간하고 척박한 땅을 일굴 수 있도록 해 주었을 것이기 때문이다.
　반면에 가나안 성읍들은 점차 세력이 약화되었고, 산악 지대로부터 시작해서 점차적으로 온 지역에 세력을 펼쳐 나가던 이 '새로운 세대'와의 전투에서 마침내 패배하고 만다.
　그러므로, 이 이론에 따른다면 이스라엘의 가나안 땅 정착 과정 중에 외부로부터의 어떤 '침입'도 존재하지 않게 된다. 이스라엘은 땅을 정복하기 위해 광야에서 올라오지 않았다는 것이다. 그들이 계속해서 가나안 땅에 살고 있었기 때문이다. 오로지 한 작은 집단, 곧 레위 집단만이 외부에서 왔을 뿐이다. 따라서 이 이론은 가나안 성읍의 지배 계층에 대한 지방과 농촌의 '피지배 계층의 반란'을 이야기할 뿐, 더 이상 '정복'을 이야기하지 않는다.

4) 이론들에 대한 비판과 균형

위에서 살펴본 세 가지 이론은 나름대로 문제점을 가지고 있다. 특히 이 시대에 이스라엘에서 사용됐던 도자기와 질그릇에 대한 분석이 나온 이후에 위의 이론들이 지닌 문제점이 나타나기 시작했다. 실상 질그릇이나 오지그릇의 부서진 파편들은 그 지역 어디에서나 쉽게 발견된다. 그런데 여기에서 유의할 점은, 모든 문화가 나름의 독자적인 도자기나 질그릇의 형태를 지니고 있다는 사실이다. 그래서 그것으로부터 그 문화를 감정해 내거나, 또는 그 시대를 짐작해 낼 수 있다. 따라서 민족들의 정착을 연구할 때 도자기나 질그릇의 형태에서 나타나는 모든 변화는 - 항아리의 형태, 색조, 제조 형태 등 - 새로운 종류의 민족 이주와 일치한다고 말할 수 있다(핀켈슈타인 I. Finkelstein의 연구).

첫 번째 이론의 문제점은 요르단 강 건너편으로부터 시작된 정복 사업을 설명해 줄 만한 고고학적 증거가 전혀 존재하지 않는다는 데에 있다. 앞에서 우리는 여호수아서가 전해 주는 가나안 성읍 정복과 파괴, 특히 이스라엘이 점령한 땅의 중심부에 위치한 성읍들(예리코와 아이 등)에 관한 정복 사업을 역사적으로 추적해 내는 것이 어렵다고 이야기했다. 게다가 고고학자들은 이미 파괴된 이 가나안 성읍의 터 위에 이스라엘 민족이 다시 자리 잡고 살았다는 것을 증명할만한 재건의 흔적조차 전혀 발견하지 못하였다. 그럼에도 불구하고, 고고학자들은 갈릴래아 북쪽에 위치한 하초르(Hazor)와 같은 몇몇 장소에서 발견된 성읍들이 기원전 1220-1200년경 사이에 파괴되었다는 사실을 발견해냈다. 그리고 그 시대로 거슬러 올라가는 건축물과 도구를 연구하여 성읍이 파괴된 이후 그들의 문화가 상당히 약화되었다는 것도 발견해 낼 수 있었다. 따라서 적어도 몇몇 경우에서는 군사적 정복이 있었다고 가정해 볼 수 있을 것이다. 물론 이것이 단 한 사람, 여호수아의 영도 아래 가나안 전 지역에 걸쳐 정복 사업이 이루어졌다는 것을 의미하지는 않는다. 게다가 이 새로운 거주자들을 과연 성경이 말하고 있는 이스라엘 백성과 동일시할 수 있는가에 대해서도 여전히 의문이 남는다고 말할 수밖에 없다.

두 번째 이론도 같은 어려움에 부딪친다. 만일 반유목민 집단이 요르단 강 건너편에서부터 서서히 가나안 땅으로 스며들어 왔다면, 그들이 요르단 강을 건넌 이후 새로운 형태의 도자기와 질그릇을 채용해서 사용한 이유를 설명할 길이 없다. 이것이 바로 앞에서 도자기 형태에 관해 언급한 경우에 속한다.

다시 말하자면, 요르단 강 저편에서 발견되는 도자기 형태와 요르단 강 이편에서 발견되는 도자기들 사이에 연속성이 전혀 존재하지 않는다는 것이다. 만일 그들이 사람이 거의 살지 않던 가나안의 고산 지대와 척박한 땅에 서서히 유입되었다면, 당연히 이주와 함께 그들의 도자기와 질그릇을 가져와야 했을 것이다. 그러나 고고학의 발견은 그런 일이 일어나지 않았다고 우리에게 말해 준다.

세 번째 이론은 상당히 매력적으로 받아들여졌고, 사실 지금까지도 많은 이의 관심을 끌고 있다. 왜냐하면, 그것이 성경 본문을 사회학적 관점에서 새롭게 재해석하고 있기 때문이다. 실상, 이 이론이 제시하는 해방과 자유의 과정은 거기에 포함된 본질적이고 종교적인 구성 요소와 함께 많은 이를 매혹시켰다. 게다가 이 이론은 그 나름의 논리와 설득력을 지녔을 뿐 아니라, 이 세상의 모든 피착취자들에게 희망을 줄 수 있는 능력 또한 지니고 있다. 그렇지만, 이 이론 역시 몇 가지 문제점을 안고 있다. 무엇보다 가장 먼저 제기되는 문제점은 '도대체 왜 성경이 일어난 사건에 대해 더 정확한 기억을 간직하고 있지 않는가?'이다. 만일 이스라엘이 이러한 방식을 통해 자유로운 한 민족으로 태어났다면, 왜 그 사건에 대해 더 충실하게 이야기하고 있지 않는가 말이다. 또 다른 장애물 - 이것은 앞의 것보다 좀 더 심각한 문제를 일으킨다 - 은 문화 형식에서 발견된다. 전문가들에 의하면, 평지를 차지한 가나안 성읍들의 문화와 산악 지대를 점유한 민족들의 문화 사이에 연속성이 발견되지 않는다. 산악 지대에서 발견되는 문화 형식이 성읍 사람의 그것이 아닌, 목축에 종사하는 목자들의 문화를 보여 주고 있기 때문이다. 따라서 산악 지대에 살던 사람들이 성읍이나 그 주변의 무산계급이나 피지배 계층으로부터 유래했다고 말하기가 어렵다.

오늘날 많은 학자가 공유하는 이론은 두 번째와 세 번째 이론을 결합한 것이다. 이 시대를 연구하는 역사가들이 제기하는 본질적인 질문 가운데 하나는 도대체 왜, 그리고 어떻게 '가나안'이 '이스라엘'로 바뀌었는가이다. 달리 표현하자면, 가나안 문화의 종말, 특히 요새화되어 있고 말과 병거를 갖춘 군대가 방어하는 성읍에 바탕을 둔 가나안 문화가 어떻게 종말의 길을 걸었으며, 그와 동시에, 그보다 훨씬 더 농업적이고 목축적인 이스라엘 문화가 그 땅에서 시작되었는지에 대한 설명이 필요하다는 것이다. 이에 대해 몇몇 전문가들은 가나안 성읍들이 지녔던 조직 체계가 스스로 한계에 도달했을 것이라고 설명한다. 처음에는 조직 체계가 조금씩 붕괴되기 시작했으나, 나중에 성읍 전체가 무너져 내렸다는 것이다. 자원이 한정된 성읍국가에서 성벽의 건설과 보존, 말과 병거 부대와 직업 군인들을 유지해야 하는 상황이 그들의 경제를 무겁게 짓

눌렸을 것이며, 피지배계층의 입장에서도 갈수록 무거워지는 세금, 전쟁, 불안과 스스로를 부양하기 위해 필요한 재원의 부족이 그들 스스로 성읍을 떠나 다른 곳에서 삶의 희망을 찾도록 강요했다는 것이다.

사실 가나안 성읍들이 자리 잡고 있는 평야에서 나타난 인구의 심각한 감소는 주목할 만한 사실이다. 이러한 인구 감소는 청동기 중기 말(기원전 1800-1550)에 시작되어, 청동기 후기(기원전 1550-1200)에 이르러 정점에 도달한다. 일정한 시간이 지난 후 즉 철기 시대 초기(기원전 1200-900)에, 상황이 예전보다 훨씬 나아지자 사람들이 평야에 되돌아오기 시작했다. 바로 이 시기가 이스라엘 백성이 가나안 땅에 정착하거나 정복한 시기와 일치한다고 보는 학자들이 많다. 따라서 이 이론에 따르면, 피지배 계층의 반란이나 폭력적인 전쟁을 생각할 필요가 없다. 붕괴의 원인이 모두 내적인 것에서 찾아지기 때문이다. 이러한 내적 원인과 더불어 이집트 왕국의 약화라는 상황이 맞물리면서 가나안 땅은 이집트의 통제로부터도 자유로워질 수 있었을 것이다.

고대뿐만 아니라 근대에도 이러한 현상과 유사한 경우들이 있다. 이집트의 피라미드 건설, 마야의 신전 건설 또는 이스터 섬의 석상 제작 등등은 전혀 다른 세상에서 이루어진 일들이긴 하지만, 모두가 다 그들의 문화와 사회에 비슷한 상황과 결과를 안겨다 주었다. 그들이 직면했던 경제의 고갈 현상 때문에 과도한 착취에 바탕을 두고 있었던 그들의 정치제도 역시 갑작스러운 종말을 맞이해야만 했던 것이다. '이스라엘'은 이와 같이 생명이 다해 가던 나라와 그 문화의 자리를 대신 차지한 것으로 보인다. 더불어, 최근의 여러 이론에 따르면, 이 '이스라엘'은 산악 지역을 중심으로 살아가던 그 지역 출신의 고유한 민족들로부터 매우 단순하게 형성되었을 것이라고 추정된다. 따라서 성경 이야기는 단지 이렇게 느리게, 대부분 평화로운 방식으로 진행된 한 민족의 발전 과정을 영웅의 놀라운 이야기로 변형시켜 놓은 것이라 할 수 있다.

이 이론은 나름의 장점을 가지고 있고, 또한 충분히 고려해 볼 만한 가치가 있어 보인다. 그렇지만 여기에도 몇 가지 새로운 요소나 새로운 측면을 덧붙일 필요가 있다. 예를 들어 가나안 땅에 살던 민족들과, 요르단 강 건너편에 살던 민족들, 그리고 네겝 광야에 살던 민족들과의 관계성, 그리고 특히 그 관계성 안에서 그들 중 일부가 이집트 땅에 이주하게 된 요인을 발견하는 일은 이 이론을 심화시키는 데 상당히 큰 역할을 하게 될 것이다. 어쨌든, 가나안 사회의 내적 발전 과정에 대해 이야기하는 이 이론이 지금까지는 가장 만족할 만한 이론이라고 말할 수 있다.

5) 메르네프타 비석

역사상 '이스라엘'이라는 이름을 처음으로 언급하고 있는 기록물의 제작 연대가 바로 이 시대로 거슬러 올라간다. '메르네프타 비석'이라 불리는 석비石碑가 그것인데, 람세스 2세의 후임인 파라오 메르네프타(Merneptah, 기원전 1238-1209 재위)가 통치 5년에 만든 것으로 알려져 있다. 따라서 메르네프타 비석의 제작 연대는 기원전 약 1233년이 된다.

이 비문에는 아시아 전투에서 파라오가 패배시킨 민족들의 목록이 열거되어 있는데, 그중 한 구절을 문자 그대로 옮기면 다음과 같다. "이스라엘은 전멸되었으며, 더 이상 씨(자손이나, 후손)조차 가지고 있지 않다." 그리고 이스라엘을 뜻하는 상형문자 바로 옆에 '민족'을 의미하는 상형문자가 적혀 있다.[14] 그러나 이 비문의 해석이 그리 쉬운 일만은 아니다. 메르네프타 비문은 아마도 성경에서 찾아볼 수 없는 하나의 전투를 다루고 있을 것이다. 민족들의 연대기가 자신들의 패배에 대해 기록하지 않으려 하는 경향을 띠고 있기 때문이다. 그렇지 않다면, 비문의 이야기가 성경이 전해 주는 이야기의 또 다른 형태

14_ 따라서 '이스라엘'이라는 이름이 하나의 특정한 민족의 이름으로 쓰였다고 말할 수 있다.

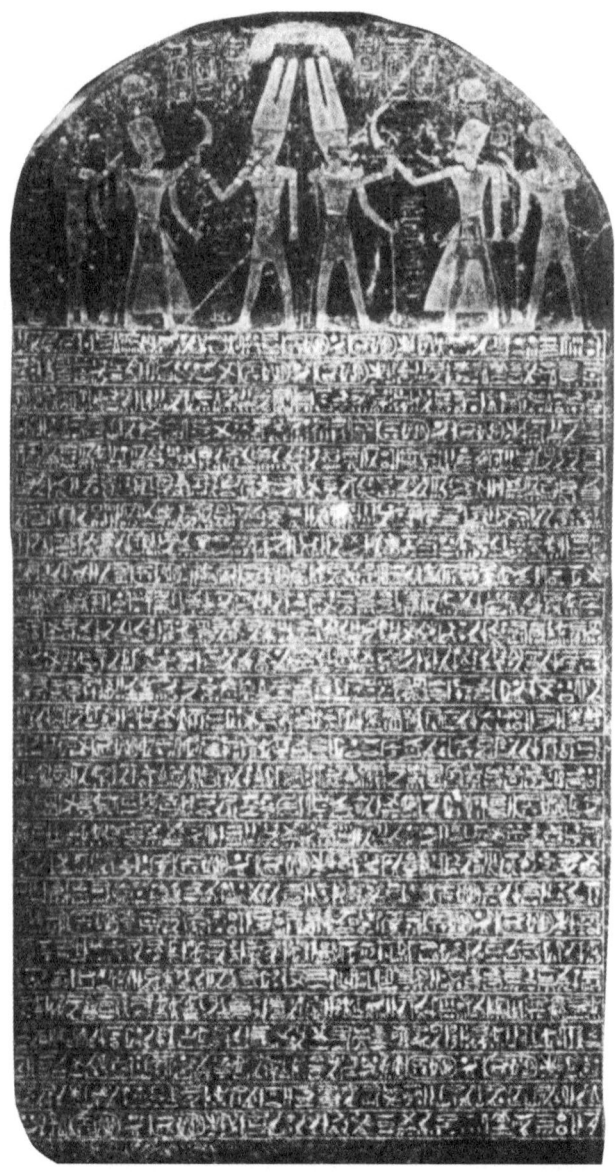

일 수도 있을 것이다. 예를 들어, 여호수아의 승리를 묘사하는 여호수아기 10장의 이야기가 이 비문에는 다른 형태와 결론으로 기록되었는지도 모른다. 결국 이 비문의 역사성에 대해 의문이 제기될 수도 있고, 나아가 비문의 내용이 거짓이라고까지 생각해 볼 수도 있겠다. 비문에 열거된 민족들이 파라오의 전통적인 적에 속하기 때문이기도 하고, 또 이러한 민족들에 대한 그의 연속적인 승리가 매우 익숙한 문학 양식에 따라 열거되어 있기 때문이다. 다시 말해, 비문의 목록에서 한 민족의 이름이 발견되었다고 해도 이것이 파라오가 그 민족과 전쟁하여 그들을 패배시켰다는 것을 필연적으로 의미하지는 않는다는 것이다. 만일 파라오가 그 비문에서 그렇게 말하고 있다면, 누가 과연 이집트의 파라오를 반박할 수 있겠는가 말이다. 그렇다고 해서, 비문에 적혀 있는 내용 모두가 다 사실이라고는 말할 수 없다.

그러나 적어도 한 가지 점에서는 이 비문이 우리의 관심을 사로잡기에 충분한 것 같다. 만일 파라오가 이스라엘을 민족

◀ 테베에서 발견된 메르네프타 비석(기원전 1233년경). 제일 윗부분에 테베의 태양신인 아몬(Amon) 신이 파라오에게 초승달 모양의 칼을 수여하고 있는 장면이 두 번 묘사되어 있다. 태양을 상징하는 원반 모양의 물체가 아몬 신 위를 맴돌고 있다. 오른쪽에 매의 모습을 한 호루스(Horus) 신이 보이고, 왼쪽에는 테베의 여신이며 아몬 신의 아내인 여신 무트(Mut)가 자리하고 있다.
(출처: Atlas van de Bijble, p. 45, n. 131.)

▲ 메르네프타 비석에 새겨진 이스라엘이라는 이름.
(출처: *Cahier évangile*, n. 33, p. 37)

들 가운데 하나의 이름으로 거론하고 있다면, 바로 그 시대에 그 이름에 상응하는 한 민족이 반드시 존재했을 것이라는 사실이다. 파라오가 어떤 환영이나 상상 속의 민족을 물리친 것은 절대로 아닐 것이기 때문이다. 그렇다면, 그 당시 이스라엘은 어떤 모습으로 존재하고 있었을까? 아마도 성경을 통해 알고 있는 이스라엘 민족의 모습, 즉 페니키아에서부터 시나이 광야까지, 그리고 요르단 강 골짜기로부터 지중해까지 이르는 땅에 흩어져 살던 여러 부족의 연합체로서 이스라엘의 모습은 아직 갖추어져 있지 않았을 것이다.

오히려 비문에서 이스라엘이라는 이름은 한 민족이 아닌 작은 한 부족을 의미하였을 것이다. 바로 그 이름이 이후 태어나게 될 부족들의 연합, 곧 하나의 민족에게 주어졌을 것이다. 이러한 현상에 대한 예는 쉽게 발견된다. 한 지역이나 한 백성의 이름이 그들이 속한 나라 전체의 이름이 되는 경우는 상당히 흔한 일이다. 일반적으로 헬베티아 사람들의 연합 국가를 일컬어 스위스(Svizzera, Schweiz, Suisse)라고 부른다. 그러나 스위스라는 이름은 본래 스위스의 작은 지역의 이름 슈비츠(Schwyz)에서 유래한다. 같은 방식으로 사람들은 네델란드(Paesi Bassi, Nederland)[15]라는 이름보다 홀란트(Olanda, Holland)라는 이름을 선호한다. 홀란트가 네델란드에서 정치적으로, 또 경제적으로 가장 중요한 지역의 이름이기 때문이다. 잉글랜드(Inghilterra, England)란 이름도 역시 마찬가지로 영국(Regno Unito 또는 Gran Bretagna, United Kingdom of Great Britain and Northern Ireland)을 대표하는 가장 중요한 지역의 이름이다. 반면, 프랑스(Francia, France)라는 이름은 프랑스 공화국(Regno di Francia, Rèpublique française)의 진정한 창설자로 여겨지는 프랑크(Franchi) 인들의 이름에서 유래한다.

실제로 성경은, 단 한 번이긴 하지만, 약속의 땅 중간 부분에 자리 잡은 아스리엘(Asriel)의 자손들 또는 아스리엘 사람들로 불리는 작은 집단에 대해 언급하고 있다(여호 17,2). 아스리엘은 요셉의 손자였고, 므나쎄의 여러 자식 중 하나였다. 이스라엘이란 이름과 매우 흡사한 이 아스리엘이란 이름[16]이 어찌

15_ 국토의 25%가 해수면보다 낮은 지역이라 '낮은 땅'(Paesi Bassi)이라고 불리는데, 네델란드(Nederland)란 말도 같은 의미를 지닌다.

16_ 참고로, 히브리 말로 아스리엘은 אשריאל(ʼaśrīʼel)이라 적고, 이스라엘은 ישראל(yiśrāʼel)이라 적는다.

면, 우리가 잘 알지 못하는 수많은 역사적 사건을 거쳐, 그 지역에 사는 모든 민족을 가리키는 호칭으로 채택되었는지도 모를 일이다.

6) 하삐루인들과 히브리인들

대중적으로 잘 알려져 있는 구약성경의 입문서나 교재들은 과거에 많은 사람이 따랐던 다음의 이론을 소개하고 있다. 아케나톤(Akenaton)이라는 이름으로 유명한 아메노피스 4세(Ame-nofis IV, 기원전 1374-1347 재위)가 수도로 건설했다고 알려진 이집트의 텔 엘 아마르나(Tell el Amarna)에서 발견된 문헌에 '하삐루'라는 이름의 집단이 자주 언급된다. 이 문헌은 이집트 왕국이 근동 지역에 위치한 그의 속국들 - 그중에서도 특히 가나안 땅의 속국들 - 과 주고받은 외교 서신으로 밝혀졌는데, 이 서신의 한 부분에서 우르살림(Urusalim, 예루살렘)의 왕 압디헤파(Abdi-Hepa)의 이름이 발견되었다. 거기서 그는 하삐루인들의 습격에 대해 불평하며 이러한 습격으로부터 자기 영토를 방어하기 위해 이집트 파라오에게 종종 도움을 청하고 있다.

아카드 말로 쓰인 이 편지에, 하삐루인들은 그리 호의적이지 않은 존재일 뿐만 아니라, 일반적으로 두렵기까지 한 존재로 묘사되어 있다. 그들은 대부분 주인으로부터 달아난 농민이나 노예였고, 약탈과 강도질로 먹고 살았으며, 따라서 지역의 작은 군주들에게는 적지 않은 위협이 되곤 했다. 바로 이 때문에 군주들은 이집트의 파라오에게 자신들을 방어해 달라며 도움을 청하곤 했던 것이다. 이들을 제외하고, 다른 하삐루인들은 용병이거나 대규모의 건축 사업에 고용된 노동자들이었다.

몇몇 학자들은 이 하삐루인들에게서 성경에 나오는 히브리인들의 기원을 찾고자 했다. 하삐루(*Apiru*) 또는 하비루(*Abiru*)라는 말과 히브리인들(*Ebrei*)이란 말 사이에 언어적 유사성이 존재할 수 있기 때문이다. 게다가 만일 습관적으로 가나안 성읍들을 공격하던 이 하삐루인들을 성경의 히브리인들과 동일시할 수만 있다면, 이 문서가 히브리인들의 가나안 땅 침략과 정복에 대한 역사적 증거가 될 수도 있을 것이다.

그러나, 이 이론 역시 몇 가지 약점을 지니고 있다. 특히 비판적 연구에서 두 가지 약점이 드러났다. 첫째, 하삐루와 히브리인들이란 두 가지 말 사이에 밀접한 관계성이 있다고 보기가 어렵다. 이 두 단어 사이에 존재하는 음성학적 유사점만으로 언어학적 관점에서 두 단어 사이에 관계성이 존재한다고 말하기가 너무도 어렵다는 것이다. 둘째, 하삐루라는 말은 한 인종이나 한 민족을 명명하는 말이 아니라, 오히려 어떤 집단을 가리키는 사회학적 명칭이다. 다시 말하면, 하삐루는 한 민족을 일컫는 말이 아니라, 한 민족 가운데 비참한 처지에서 살아가는 한 계층을 일컫는 말이다. 따라서 그들은 거대한 왕국이나 제국의 노예 집단 또는 고용된 노동자 집단에서 늘 발견될 수 있다. 때때로 그들은 가난과 불행 속에서 죽음을 맞이해야 하고, 법의 테두리를 벗어난 삶으로 내몰리기도 한다. 그런 상황에서 살아남기 위해 그들은 마을과 성읍들을 공격할 수밖에 없었을 것이다. 따라서, 성경의 히브리인들을 텔 엘 아마르나 문서에서 발견되는 하삐루인들과 동일시하는 문제는 상당히 신중을 기해야 할 필요가 있다고 말해야 하겠다.

7) 필리스티아인들과 바다 민족들

마지막으로 다루게 될 한 가지 요소 또한 성경의 역사를 더 잘 이해하고 싶어 하는 이들에게 상당히 큰 관심거리가 될 수 있을 것이다. 기원전 1200년경 고대 근동 지역은 '바다 민족들'이란 이름으로 알려진 사람들로부터 침략을 받게 된다. 또한 파라오 람세스 3세(기원전 1184-1070)는 이집트를 침략하려고 했던 그 민족들에게서 거둔 승리를 기념하기도 한다. 이 민족들은 인도 유럽어족 출신으로 어떤 방식으로든 그리스 민족들의 정착과 연결되어 있고, 또한 지중해 동쪽 지역, 특히 에게해 근처에 정착하여 살고 있었다. 아마도 성경이 이야기하는 필리스티아인들이 바로 고대 근동 지역을 침략한 이 '바다 민족들'의 일부였을 것이다. 성경에 의하면, 그들은 바다 가까이에 정착했으며, 특히 해안 지방의 평야를 지배하고 있었다. 고고학 역시 그들의 존재를 분명하게 확인시켜 주고 있다. 그들 역시 자신들만의 전형적인 도자기 형태를 사용하고 있었는데, 바로 이를 통해 다른 민족들과 그들을 분명하게 구분해 낼 수 있게 되었다.

8) 결론

이스라엘 백성의 가나안 땅 정착을 좀 더 정확히 이해하려고 할 때, 사실 여호수아기와 판관기의 이야기는 전반적으로 고고학이 제공해 주는 정보들보다 훨씬 신빙성이 없어 보이는 것이 사실이다. 그러나 성경 이야기들이 의심할 여지 없이 어떤 역사적 사건들에 근거한다는 것 또한 사실이다. 예를 들어, 이스라엘 백성은 결코 신화에나 등장하는 그런 민족이 아니다. 뿐만 아니라, 거룩한 땅이라 불리는 '약속의 땅' 역시 전설 속에 존재하는 지역이 결코 아니다. 그러나 여호수아기나 판관기와 같은 책들의 본래의 목적이 왕정 시대 이전에 발생한 사건들에 관한 정보를 제공해 주는 데에 있지 않다는 사실 또한 기억해야만 한다. 온갖 그릇된 해석을 피하기 위해 재차 반복하지만, 성경은 분명히 어떤 역사적 사건들에 그 바탕을 두고 있다. 그러나 그 역사적 사건들이 성경 이야기에서, 특히 이미 경전으로 인정받고 있는 현시대의 성경에서 언제나 즉각적으로 이해되거나, 재구성될 수 있는 사건으로 드러나지는 않는다. 다른 한편으로, 성경 이야기에서 발견되는 역사적 자료들은 언제나 이야기가 지닌 문학적 조합이나 신학적 체계를 위한 전체적인 그림을 그리기 위해 이용되고 있다는 것을 알 수 있다. 따라서 성경 이야기가 가진 메시지를 정확하게 포착해 내기 위해서는, 그 본문을 그 이야기가 쓰여진 본래의 의도에 따라서 읽어야만 한다. 그러므로 여호수아기나 판관기에서 약속의 땅의 정복과 그 땅에 처음 정착하던 때에 대한 정확하고 엄밀한 보고서를 얻고자 하는 것은, 마치 포도주 저장 창고에서 맥주를 요구하는 것과 같다고 말할 수 있다. 물론 포도주 저장 창고에서 맥주를 얻는 것이 완전히 불가능한 일은 아니다. 그러나 맥주를 얻기 위해서는 호프집으로 가는 것이 훨씬 더 마땅하고 옳은 일이다. 왜 훌륭한 포도주만을 제공하는 곳에서 고집스럽게 맥주를 요구하는가 말이다.

  성경의 주석 분야와 고대 이스라엘의 역사 분야, 이 두 분야에서 최근에 이루어진 연구 결과들에 따르면, 우리는 그 두 분야 사이의 간격이 몇 년 전까지 일반적으로 생각되던 것보다 훨씬 더 넓고 상당하다는 사실을 받아들여야만 한다. 역사에서 드러나는 하느님의 계시처럼 성경이 보여 주는 계시에 관한 일반적인 양식은 신학과 역사 사이의 밀접한 연결고리를 당연한 귀결로 만들어 내야 했다. 이러한 연결고리는 분명히 존재할 뿐만이 아니라 앞으로도 계속 존재할 것이다. 그럼에도 불구하고 분명하게 말할 수 있는 한 가지는, 그 연결고리가 그 전과 다르게 덜 밀접하고 덜 직접적이며, 오히려 예전보다 훨씬 더 복잡하게 이루어져 있다는 사실이다.

3. 여호수아기의 하느님과 예수 그리스도의 하느님

여호수아기와 판관기를 봉독하는 것은 그리스도인들에게 그리 즐거운 일만은 아니다. 오히려 성경의 이 부분은 독자를 경악시키기도 한다. 이 책들이 폭력으로 가득 차 있기 때문이다. 이 두 권의 책에서 하느님은 당신 백성에게 땅의 정복 사업에 대항하는 자가 누구든지 무자비하고 잔인하게 전멸시킬 것을 요구하신다. 여호수아는 정복한 성읍들의 처리에 대해 매우 엄격한 명령을 받는다. 그는 정복한 성읍의 모든 주민을 전멸시켜야 한다. 남자, 여자, 아이들과 가축이 모두 여기에 포함된다. 그뿐 아니라, 그 성읍의 모든 물건도 불살라 버려야 한다. 이런 잔인한 명령을 내리는 하느님의 모습과 예수가 복음서에서 제시하는 용서와 정의의 하느님을 우리는 어떻게 조화시킬 수 있을까?

때때로 성경은 이러한 하느님의 폭력적인 모습을 정당화하려고 스스로 노력한다. 그러나 그러한 노력과 시도가 그리 성공한 것처럼 보이지는 않는다. 그러한 노력의 일환으로, 성경은 그곳 주민들의 '죄악'을 거론하거나(창세 15,16; 신명 9,5), 그 주민들이 하느님에 대한 이스라엘의 충실함을 위협할 수 있다는 위험성에 대해 언급한다(신명 7,1-7). 그러나 이러한 설명에도 불구하고 다음과 같은 질문은 여전히 남는다. '그들의 죄는, 또 죄인은 용서받을 수 없는가? 왜 그들에게는 이스라엘의 하느님이야말로 진정한 하느님이라는 사실이 선포되지 않았는가? 그러한 사실을 알지 못한 자들을 그렇게 다루는 것이 진정한 하느님과 종교에 합당한 모습인가? 모든 생명은, 비록 이교도들의 생명이라 하더라도, 신성한 것이 아닌가? 우리는 모두 같은 하느님에게서 창조된 존재가 아닌가(창세 1,26-27)?'

1) '전쟁 영웅' 여호수아

이러한 문제점은 – 필자의 생각으로는 – 이 이야기들의 문학 양식을 이해할 때 해결될 수 있을 것 같다. 무엇보다도, 책에 쓰인 사건들이 성경이 이야기하는 그대로 일어나지 않았다는 것은 꽤 분명한 사실이다. 게다가, 이스라엘 사람들이 그 모든 성읍의 거주자들을 칼 아래 전멸시키지 않았다는 것 역시 분명하다. 앞에서 이미 살펴본 바대로, 이스라엘이 가나안 땅을 군사와 무기로 정복했다는 것조차 분명치 않다.

그렇다면, 성경은 왜 이러한 방식으로 사건들을 묘사하고 있을까? 이는 무엇보다도 먼저 그 시대의 사고방식에 따라 민족적 영웅의 업적을 부각시키기 위함이었을 것이다. 과거 영웅들의 모습을 토대로 자신들을 과시하고 자랑하던 다른 민족들과 경쟁하기 위해, 이스라엘이 여호수아를 '전쟁 영웅'이나 '정복자'로 만들어 놓았다는 것이다. 이를 통해 이스라엘 민족 역시 그 누구와 견주어도 뒤지지 않을 만한 용기와 업적을 남긴 그들 나름의 영웅들을 가지고 있음을 보여 주고자 했다는 것이다. 이러한 영웅의 업적은 이스라엘 백성이 아시리아, 바빌론, 페르시아, 헬레니즘, 로마와 같은 거대한 제국의 아주 작은 지방 식민지로 전락했을 때 훨씬 더 필요했을 것이다. 현실에서는 불행과 비천함을 분명하게 겪고 있지만, 그들의 본래 모습이 이렇게 비참하지만은 않았다는 것을 기억해 내는 데 이러한 영웅 이야기가 큰 역할을 했을 것이기 때문이다. 민족적 영웅의 업적을 통해 '이스라엘은 과거에 무패를 자랑하던 무적의 민족이었으며, 어느 누구도 여호수아가 이끌던 군대에 맞서 대항할 수 없었다. 지금이야 하느님이 당신 백성 이스라엘을 외면한 듯 보이지만, 과거 이스라엘은 그 하느님에게서 승리에 승리를 거듭 선물로 받던 민족이었고, 하느님의 법을 엄격하고 정확하게 준수한 것이 바로 그러한 승리의 바탕이었다'라고 말하고 싶어 했다는 것이다. 따라서 이러한 이야기가 전해 주는 교훈은 너무도 분명하다. 만일 승리로 가득 찼던 과거의 그 시절을 다시 살아보고 싶다면, 반드시 그 과거 세대의 사람들처럼 행동해야 한다는 것이다.

2) 영웅 서사시의 문학적 관습

다른 한편, 땅의 정복에 관한 성경의 묘사는 영웅 서사시의 문학적 관습에도 잘 부합한다. 따라서 그 이야기들에서는 이야기가 담고 있는 도덕적인 문제보다 그 이야기들이 서술된 문학 양식에 관한 문제에 더 관심을 가져야 할 것이다. 영웅 서사시는 그의 영웅들이 절대적인 영향력을 행사하는 놀라운 세상으로 독자를 인도한다. 따라서 영웅 서사시는 어중간한 중도의 길을 알지 못한다. 완벽한 승리나 완벽한 패배가 존재할 뿐이며, 그들의 행동의 결과는 생명과 죽음 둘 중의 하나가 된다. 여기에 타협이나 망설임이 존재할 공간은 없다. 바로 이러한 이유로, 이스라엘의 적들은 완벽하게 소멸되어야만 했을 것이다. 한 전쟁이 끝나면, 그들의 적들 가운데 어느 누구도 살아남을 수 없다. 전쟁에서 패배하는 자는 죽어야 하며, 오로지 승리하는 자만이 살아남는다. 다시 한 번 강조하지만, 이러한 것들은 현실 세상의 법이 아니라, 영웅 서사시가 따르는 법이다. 호메로스의 일리아스(Iliade)에서도 영웅들은 이와 비슷하게 행동한다.

하지만, 이와 동일한 것들이 성경에서 발견된다는 사실이 당황스러울 수도 있겠다. 그리고 다음과 같은 의문이 떠오를 것이다. '무언가 좀 달라야 하지 않는가? 특히 성경이라면, 분명 무언가 달라야 하지 않는가 말이다.' 그에 대한 대답은 상당히 간단하다. 만일 하느님이 역사에 개입하신다면 – 여호수아기에서 하느님은 강력한 방식으로 역사에 개입하신다 – 우리는 분명 하느님의 절대적 능력이 발휘되는 세상에 있게 된다. 따라서 문학적 표현으로 그러한 상황을 정확하게 전달해 줄 수 있는 적절한 하나의 문학 양식을 선택해야만 할 것이다. 여기에서 이를 가장 자연스럽게 전달할 수 있는 방식으로 바로 영웅 서사시적 문학 양식이 선택된 것이다. 이러한 사실에서 왜 하느님의 적들이 그들의 '악행'을 구체화하고, 따라서 그들이 성경이 보여 주는 무대에서 완벽하게 소멸되어야 하는지를 더 잘 이해할 수 있다. 과연 누가 하느님과 대적할 수 있겠는가 말이다.

3) 영웅 서사시적 문학 양식이 지닌 위험성

이러한 영웅 서사시적 방식으로 역사가 저술되는 데에는 수많은 위험성이 존재하고, 이러한 위험성은 이미 너무도 잘 알려져 있는 사실이기도 하다. 그러나 다른 한편, 하느님의 법을 준수하라고 강하게 요구하는 여호수아기는 전쟁이 지배하는 그의 세상에서조차 어느 일정한 '윤리적 법규' 또한 제시해 주고 있다. 성경의 다른 책들, 특히 예언서나 지혜서, 그리고 오경의 몇몇 장에서도 이 점이 발견되는데, 이는 하느님이 사람이나 백성들을 상대로 싸우지 않고 오히려 사회에 뿌리내린 '악惡'을 상대로 싸우신다는 것이다. 위에 언급한 성경 대목들은 이러한 전쟁이 가나안 군대를 패배시키는 것보다 훨씬 더 어렵다는 사실을 우리에게 보여 줄 것이다.

6장

다윗과 솔로몬:
거대한 왕국의 왕 아니면 작은 지방 부족의 조상?

1. 판관기

여호수아기에 이어 판관기에 대해 알아보자. 우리는 종종 판관기가 전해 주는 이야기들이 매우 꼼꼼한 방식으로 묘사되어 있음을 발견하게 된다. 그것들이 대부분 하나의 부족, 또는 한 부족에 속한 소집단의 사람들과 연관된 사건을 다루고 있기 때문이다. 따라서 판관기가 전해 주는 이야기를 입증하는 성경 밖의 증거를 찾는다는 것은 상당히 어려운 일이다. 이 이야기들의 문학 양식 역시 이 문제와 관련하여 우리에게 그리 큰 도움을 주지 못한다. 한 예로, 삼손 이야기의 경우, 그의 모습은 다른 문화에서 흔히 발견되는 일반적인 전설적 영웅의 모습과 매우 닮아 있다. 따라서 이 이야기들의 역사성은 매우 희박하다고 말할 수 있을 것이다.

그럼에도 불구하고, 판관기는 전체적으로 어렵고 복잡한 상황을 묘사하고 있으며, 이러한 상황은 이스라엘 백성의 가나안 땅 정착에 관한 학자들의 최근 연구 결과와 상당히 유사한 모습을 보여 준다. 새로운 땅에 정착하는 과정은 매우 느리고 또 점차적으로 이루어진 것으로 보인다. 게다가 판관기가 보여 주고 있듯이, 가나안의 모든 땅을 완전히 그리고 결정적으로, 게다가 전광석화와 같은 빠른 속도로 정복한 것처럼 보이는 그 일련의 '전쟁'에 모든 부족이 다 함께 참여한 것도 아니었을 것이다. 이러한 다소 일반적인 견해들뿐 아니라, 판관기의 이야기들에 관한 내적 연구 역시 또 다른 사실들을 우리에게 제공해 줄 수 있을 것이다. 그러나 어쨌든, 이러한 작업은 매우 힘든 일로 남게 될 것이고 또 그 결과도 별로 만족스럽지 않을 것이다. 간단히 말해서, 판관기에 나오는 이야기들이 어떤 역사적 사건들에 근거를 두고 있다고 말할 수 있고 또 그것이 상당히 그럴듯한 견해인 것도 사실이지만, 그 사건들을 설득력 있는 방식으로 증명해 내는 일은 매우 어려운 작업으로 남을 수밖에 없다는 것이다. 이 경우에도, '솔직함'은 우리에게 이 이야기들이 말하는 구체적 사실들이 많은 경우 실제 사건과 상당한 거리가 있음을 인정하라고 요구한다.

2. 다윗과 솔로몬 왕국

1) 다윗과 솔로몬:
거대한 왕국의 임금? 혹은 지방 부족의 작은 족장?

오늘날, 다윗의 모습은 상당히 축소되어 평가되고 있다. 다윗과 솔로몬 왕국은 성경이 말하는 것과 같은 영토와 영향력을 가질 수 없었다. 같은 시대의 어떤 문서에서도 그러한 왕국에 대한 언급을 찾아볼 수 없다(오늘날 '다윗 집안'에 대해 말하는 문서 하나가 있지만, 그 문서에서 보이는 '다윗 집안'은 성경이 말하는 다윗 왕국과는 매우 거리가 먼 것으로 보인다. 이에 대해서는 후에 다시 살펴보겠다). 만일, 사무엘기 상·하권과 열왕기 상권에서 볼 수 있는 다윗과 솔로몬 왕국에 대한 묘사가 실제 모습을 전해 주는 것이라면, 왜 그 주위에 존재하던 거대한 제국들이 그 왕국에 대한 이야기를 전혀 전해 듣지 못했는지, 그에 대한 어떤 기록도 남기지 않았는지가 잘 이해되지 않는다. 성경에 의하면 솔로몬은 파라오의 딸인 이집트 공주와 결혼을 하기도

한다(1열왕 9,16; 11,1). 그러나 옛 이집트의 문서 어디에서도 솔로몬의 이름을 찾아볼 수 없다.

고고학에서도 다윗과 솔로몬 왕국에 대해 성경이 전해 주는 모습을 확인할 수 없었다. 유명한 솔로몬 성전뿐 아니라, 주목할 만한 어떤 궁전도 남아 있지 않기 때문이다. 사실상, 솔로몬 성전에 대한 묘사는 십중팔구 후기에 이루어졌거나 또는 이상화理想化되어 재현된 모습으로 보인다.

거기에 덧붙여, 다윗과 솔로몬 왕국에 대한 성경 이야기를 좀 더 비판적인 시각으로 재해석해야 한다는 주장이 힘을 얻고 있는 근거가 몇 가지 더 존재한다. 무엇보다도, 거대하고 영향력 있는 한 왕국은 한두 세대에 걸쳐 탄생하지 않는다. 한 왕국이 막강한 정치적, 경제적, 군사적 구조를 갖추기 위해서는 훨씬 더 많은 시간이 있어야 한다는 것이다. 따라서 다윗과 솔로몬 왕국이 그렇게 짧은 시간에 성경이 묘사하는 것처럼 인상적이고 강력하게 조직화된 왕국이 되었다는 것은 상당히 불가능에 가까운 일로 보일 수밖에 없다. 아마도 그들은 유다 지역의 중심부에 작은 왕국을 세웠을 것이고, 그 왕국은 일정한 시간에 걸쳐 주위의 여러 작은 부족을 점진적으로 통합하면서 발전하고 굳건해졌을 것이다.

성경 본문을 바탕으로 다윗이 이러한 왕국을 세울 수밖에 없었던 본질적인 원인 세 가지를 추론해 볼 수 있다. 첫째, 지방 민족들에 대한 필리스티아인들의 위협 때문에 다윗은 그들에 대한 저항을 좀 더 조직화할 필요성을 느꼈을 것이다. 다른 많은 경우와 마찬가지로, 공통의 적은 서로 다른 민족들의 동맹과 일치를 위한 첫 번째 요소가 된다. 둘째, 다윗은 경쟁자들보다 - 특히 사울 - 전략적 우위를 차지하고 있었다. 그는 '군대' - 이것이 그들을 정확하게 표현하는 단어는 아니겠지만 - 또는 적어도 무기를 써서 생업을 이어 가던 집단을 보유하고 있었다. 그 사람들은 용병으로 고용되어 살아가거나(다윗 역시 필리스티아 임금에게 몸을 피신했고, 스스로 그에게 고용된 것으로 보인다: 1사무 27장), 그 지역의 지주들을 강탈하거나(오늘날의 '마피아'와 매우 비슷한 방법을 사용했다: 1사무 25장 참조), 다른 민족들을 침략하여 전투를 벌였다(1사무 30장). 한편, 사울은 넓은 토지를 소유한 한 지주의 아들이었다(1사무 9,1-3). 그는 용병을 보유하지 않았고, 그래서 필리스티아인들을 상대로 한 전투나 왕권 경쟁에서 불리한 입장에 처해 있었다. 셋째, 앞에서 살펴본 분명한 외적 요인 두 가지와 함께, 내적 요인 하나를 덧붙일 수 있다. 외부 세력들의 위협에 의해서든 또는 우리가 모르는 또 다른 이유에서든, 한 부족이 그 밖의 다른 부족들보다 우월한 지위를 차지하는 것은 상당히 자연스러운 일이다. 그리고 이 일이 벌어졌을 때 그 부족의 '우두머리'는 또한 자연스럽게 그 지역의 다른 모든 부족들의 우두머리가 된다. 이처림, 유다 부족은 다윗이라는 인물과 함께 다른 부족들에 비해 훨씬 우세한 권력을 잡을 수 있었을 것이고, 적어도 유다 지역의 중심부에 그들의 작은 왕국을 세울 수 있었을 것이다.

이렇게 크기와 영향력 차원에서 작고 평범하던 다윗 왕국은 이스라엘 민족의 집단기억 속에서 믿기 어려우리만큼 거대한, 전설과 같은 제국으로 재탄생되는데, 이러한 현상은 기원전 721년 사마리아 도성의 멸망 이후에 이루어지게 된다.

바로 이 시기에 예루살렘은 스스로를 북 왕국의 수도였던 사마리아의 후계자로 자처하며, 그 지역에서 가장 중요한 도시로 발돋움한다. 그리고 '다윗 집안'에 속해 있던 유다 임금들은 조상 다윗을 역사적 실재보다 오히려 그들의 바람에 훨씬 더 들어맞는 거대한 제국의 첫 번째 왕으로 만들어 놓는다. 고대 세계에서는 - 성경도 바로 그 세계의 일부이다 - 과거가 현재를 정당화시켜 주었다. 따라서 다윗과 솔로몬 이야기가 아시리아 제국의 지배하에 놓인 북쪽 지방(사마리아)에 대한 유다 임금들의 권리 주장을 정당화시켜 주었을 것이다. 시간이 흘러 아시리아 제국이 약화되자, 유다 임금들은 북쪽으로 그들의 영향력을 확장할 수 있었고, 특히 요시야 임금의 통치 시기(기원전 640-609)에 그 일이 이루어진다.

그러므로 다윗과 솔로몬에 관한 성경 이야기는 많은 부분이 정치적 선전을 위한 작품에 속한다고 말할 수 있다. 그러나, 이렇게 말한다고 해서 그 이야기들에 신학적 의미나 역사적 토대가 전혀 없다는 것을 의미하지는 않는다. 정치적 선전을 위한 작품 역시 신뢰받을 수 있고 또 누구에게나 수용될 수 있기 위해서는 반드시 역사적 사실을 품고 있어야 하기 때문이다. 게다가 그 작품은 그 시대의 종교적 사고방식의 규범에도 마땅히 들어맞아야 한다. 다른 한편으로, 성경이 전하는 다윗과 솔로몬의 이야기를 역사적 사실로 해석해 내기에는 그들의 용맹과 화려함이 지닌 선전적인 면모가 너무도 분명하다고 말할 수 있다. 따라서 그 이야기들은 당연히 문자 그대로 이해될 수 있는 것이 아니라고 말할 수 있다. 바로 이러한 경우가, 근본주의가 성경을 올바른 방식으로 이해하는 길이 결코 아님을 분명하게 보여 주는 한 예라고 말할 수 있겠다.

결국, 분명한 사실로 남게 되는 한 가지는 바로 성경이 다윗과 솔로몬의 이야기를 상당히 아름답게 꾸며 놓았다는 것이다. 이러한 방식으로 그들의 위대한 과거가 창조되었는데, 그에 대한 한 가지 예로, 우리에게 잘 알려져 있는 1사무 17장의 이야기(다윗과 골리앗 이야기: 역주)를 2사무 21,19[17] 과 비교하여

17_ "곱에서 필리스티아인들과 다시 싸움이 일어났다. 베들레헴 사람 야아레 오르김의 아들 엘하난이 갓 사람 골리앗을 쳐 죽였는데, 골리앗의 창대는 베틀의 용두머리만큼이나 굵었다."

읽어 보라고 말하고 싶다. 2사무 21,19은 골리앗을 상대로 한 전투에서 다윗이 아닌 또 다른 영웅, 즉 베들레헴 사람 야아레오르김의 아들 엘하난이 승리한 것으로 전한다. 그에 비해 상당히 세밀하고 정교하게 만들어진 1사무 17장의 이야기는 다윗의 - 그 또한 베들레헴 출신이었다 - 용맹을 부각시키기 위해 2사무 21,19의 내용을 바탕으로 만들어진 후대의 작품으로 보인다. 프랑스의 오래된 격언 하나가 바로 이와 같은 상황에 대해 다음과 같이 말한다. "빌려주려거든 부자에게 빌려주어라!"

솔로몬이 세운 성전에 대한 묘사 역시 역사적 사실에 부합하기 위해서는 많은 부분이 축소되어야만 할 것 같다. 이 본문의 목적은 이스라엘 왕국 초기부터 모든 부족에게 잘 알려진 단 하나의 예배 행위가 존재했음을 보여 주려는 데 있다. 이 경우 역시 과거를 묘사함으로써 후대의 상황을 정당화하고자 한 것이다. 여기서 후대의 상황이란 기원전 622년에 요시야 임금이 시작한 신명기계 개혁으로 초래된 상황을 말하며, 이를 통해 요시야는 이스라엘의 모든 예배 행위를 오직 한 곳 예루살렘에 집중시키고자 했다. 신명기 12장에 의하면, 제사는 오로지 예루살렘 성전 제단에서만 지낼 수 있었다. 그리고 예루살렘을 제외한 다른 성전들은 모두 '위법'이라고 선언한다. 유배 이후 시기에도 예루살렘 성전만이 유효하고 적법하게 예배 행위를 할 수 있는 유일한 장소로 여겨지곤 했다.

따라서 솔로몬의 성전 건축과 봉헌을 묘사하는 1열왕 5-8장 본문은 이스라엘 북부에 존재하던 다른 많은 성전을 거슬러 예루살렘 성전만이 지닌 권리와 특권을 법적으로 인가하고 비준하기 위한 목적을 가지고 있다고 말할 수 있다. 그러나, 앞에서 살펴본 모든 것이 이러한 목적에 도달하기 위해 단순히 '창조'된 것이라고 말할 수는 없다. 그럼에도 성경이 전해주는 기술과 묘사가 그 저자들의 의도에 상당히 많은 영향을 받았다는 것은 부인할 수 없는 사실이다. 더욱이, 그들의 의도가 이미 먼 과거의 일이 되어 버린 사건들을 정확하고 분명하게 묘사하여 후세에 전해 주려는 데 있지 않았다는 것 역시 분명한 사실이다.

2) 단 비문과 '다윗 집안'

얼마 전까지만 해도 다윗을 언급하는 성경 밖의 문서가 전혀 존재하지 않았다. 그러나 1993년 요르단 강의 수원 부분에 있는 텔 단(Dan)에서 아람어로 쓰인 비문[18] 하나가 발견되

18_ 이를 단 비석(La stele di Dan) 또는 텔 단 비문(Tel Dan Inscription)이라 부른다.

었다. 거기에는 다마스쿠스 임금 하자엘(Azael)이 이스라엘 임금과 '다윗 집안'에 대한 자신의 승리를 찬양하는 내용이 적혀 있었다. 이 하자엘은 아마도 엘리야와 엘리사의 이야기(1열왕 19,15.17; 2열왕 8,7-15.28-29; 9,14-15; 13,22.24)에 언급된 인물로 보인다. 물론, 이 문서가 순전히 정치적 선전을 위한 작품이라고 단언하면서 문서의 진실성에 이의를 제기하는 학자들도 더러 있다. 그러나 비록 그렇다 하더라도, 이 비문의 모든 내용이 다 꾸며진 것이라고 말할 수는 없을 것이다. 예를 들어, '다윗 집안'이 단순한 허구에 속한다면, '다윗 집안을 거슬러 승리를 거두었다'고 어떻게 주장할 수 있겠는가? 어떤 임금도 허구 속에 등장하는 가공의 임금을 상대로 승리를 거두었다며 스스로를 찬양하지는 않을 것이다. 따라서 이 비문은 바로 그 시대에 '다윗 집안'이 존재하고 있었다는 사실에 대한 흥미로운 증언을 담고 있는 셈이 된다. 그러나 이 비문 역시 다윗에 대해 많은 정보를 전해 주지는 않는다. 결국 다윗이란 인물이 존재했다는 실제적인 증거를 가졌다 하더라도, 그에 관한 많은 것은 대부분 과거의 안개 속에 남아 있다고 말할 수밖에 없다.

3. 르하브암, 예로보암, 그리고 이집트 임금 시삭

열왕기 상권은 솔로몬 왕국이 그의 죽음 이후에 곧바로 둘로 갈라졌다고 전한다. 북 왕국에서는 예로보암이 임금으로 추대되었고, 그에 비해 여전히 다윗 왕가의 후계자에게 충실하던 남 왕국은 솔로몬의 아들 르하브암을 임금으로 추대한다(1열왕 12장). 열왕기 상권은 이러한 사실에 덧붙여 르하브암이 통치하던 시절에 이집트 임금(파라오) 시삭(기원전 945-924)이 유다 땅을 침략한 일도 전해 준다(1열왕 14,25-28). 때문에 르하브암은 파라오에게 상당한 공물을 바쳐야만 했다.

이 사건이 기록되어 있는 이집트 비문에는 파라오가 점령한 성읍들의 목록이 적혀 있는데, 불행하게도 이 비문의 일부가 이미 파손된 채 발견되었기 때문에, 그 내용을 완전하게 파악할 수 없다. 그럼에도 불구하고, 주목할 만한 점은 파라오가 점령한 성읍 목록에서 예루살렘이 빠져 있다는 사실이다. 이 비문이 전해 주는 또 다른 흥미로운 점은, 이 전쟁에서 파라오가 남 왕국보다는 북 왕국에 훨씬 더 관심을 보인다는 사실이다. 이 사실은 그 시대에 남 왕국이 북 왕국에 비해 그리 중요하고 주목할 만한 왕국이 아니었음을 확인시켜 준다.

어쨌든, 위의 경우에서 성경 이야기와 이집트 문서 사이에 어떤 '연결고리'가 존재함을 볼 수 있다. 두 문서 모두 이집트 군대의 원정 사건에 대해 증언하고 있기 때문이다. 그렇지만 세부 사항에서는 적지 않은 차이가 발견되고 있다는 것 또한 사실이다. 두 문서가 각자 서로 다른 관심사를 가지고 쓰였기 때문이다. 다시 말해, 성경의 열왕기는 이집트에 공물을 바치기 위해 약탈당하고 있는 도성 예루살렘과 그 성전의 운명에 관심을 두고 있는 반면, 파라오는 무엇보다도 그의 승리를 찬양하는 일에 관심을 더 보인다는 것이다. 바로 이러한 관점에서, 이 이집트 비문에서 예루살렘이란 이름을 찾아볼 수 없는 이유를 충분히 짐작해 볼 수 있다. 파라오가 예루살렘을 점령하지 않았기 때문일 수도 있고, 또 다른 한편 예루살렘을 정복했다 하더라도 당시 예루살렘이 지닌 중요성을 생각해 볼 때, 그것이 파라오에게 그리 중요하지도, 또 찬양할 일에 속하지도 않았기에 그에 관해 전혀 언급하지 않았다고 생각해 볼 수도 있다.

4. 북 왕국(이스라엘 왕국)과 오므리의 나라

1) 북 왕국에 새 왕가를 세운 오므리 임금

오므리 임금(기원전 886-875)은 성경의 독자들에게 그리 잘 알려져 있지 않은 인물 중 하나이다. 성경이 그에 관해 겨우 몇 절만을 할애하고 있기 때문이다(1열왕 16,23-28). 오므리 임금은 이제벨의 남편이자 엘리야 예언자의 적대자로 훨씬 더 유명한 아합 임금의 아버지다(1열왕 17-18장; 21-22장). 바로 이 오므리 임금과 함께 이스라엘은 처음으로 고대 근동의 국제 무대에 실질적인 주역 중 하나로 등장하게 된다. 그 뒤로 오므리의 직계 자손들이 더 이상 왕위에 오르지 않더라도, 이스라엘 왕가 곧 북 왕국은 오랫동안 '오므리 집안'으로 불리게 된다.

오므리는 당시에 활발히 움직이던 주요 교역로 근처에, 곧 경제적이고 전략적인 관점에서 상당히 유리한 지점에 새로운 수도를 건설한다. 사실상 북 왕국의 수도 사마리아는 정치·경제·문화 모든 면에서 예루살렘보다 훨씬 더 중요한 도성이었다. 이에 관해 성경의 몇몇 부분과 성경 밖의 문헌이 이야기하는 사실을 고고학 역시 그대로 입증해 준다. 넓은 지역에 자리 잡은 수도 사마리아에서 화려한 건물들이 발견되었고, 그중 몇몇은 상당한 가치를 지닌 예술 작품으로 밝혀졌다. 이 시기에 북 왕국의 다른 성읍들도 관할 지역과 영향력을 확장할 수 있었다. 그러나 이러한 물질적인 번영은 국제 무대에서 그에 상응한 결과를 초래하게 된다. 당시 세상을 지배하던 권력들, 다시 말해 서쪽으로 지배력을 확장해 가던 메소포타미아 제국들이 지중해 해안을 따라 발전한 교역로를 지배하던 이 작고 부유한 왕국에 주목하게 된 것이다.

2) 아합 임금과 아시리아 제국의 첫 번째 접촉

아합(기원전 875-853) 임금은 그의 아버지 오므리보다 훨씬 더 잘 알려진 인물이다. 그는 성경에서 불경하고 사악한 임금으로 소개되어 있는데, 아마도 구약성경에서 발견되는 불충함의 실제 원형이라고 말할 수 있을 것이다. 이미 성경을 읽어 본 이들은 아합 임금과 왕후 이제벨이 예언자 엘리야를 거슬러 벌이던 수많은 싸움과 충돌을 쉽게 기억해 낼 수 있을 것이다. 카르멜 산에서 엘리야가 바알 예언자들과 대결하여 번제를 드린 이야기(1열왕 18장), 이제벨을 피해 엘리야가 호렙 산으로 피신한 이야기(1열왕 19장) 그리고 나봇의 포도밭 이야기(1열왕 21장)는 구약성경 전체에서 가장 잘 알려져 있는 이야기 중 하나에 속한다.

그러나, 엄밀한 역사적 관점에서 바라본다면, 아합 임금은 위의 이야기에서와는 조금 다른 모습을 우리에게 보여 준다. 시돈 임금의 딸, 이제벨과의 혼인(1열왕 16,31)은 정치·경제적 차원에서 분명히 의미 있는 행위였다. 이스라엘은 공통의 적에 대항하기 위해 페니키아인들의 성읍들과 동맹을 맺고자 했다. 여기서 공통의 적은 아시리아를 일컫는데, 그들은 지중해 연안 쪽으로 세력을 확장하려 하였고, 드디어 아수르나시르팔 2세(Assurnasirpal II) 시대에 지중해에 그 모습을 드러낸다. 이 아시리아 임금은 지중해에 도착하기 전에 이미 몇몇 아람 성읍을 정복하여 속국으로 삼았을 뿐 아니라, 비블로스와 티로, 그리고 시돈의 항구들을 포함하여 페니키아의 큰 성읍들에게 공물을 바치라고 압박하고 있었다. 다른 한편으로, 이스라엘과 앞에 언급한 페니키아의 항구 도시들은 밀접한 상업적 관계를 맺고 있는 상태였다. 이스라엘은 밀, 포도주, 올리브기름, 양털, 아마포와 같은 지역 특산물을 페니키아에 판매할 수 있었고, 반면 이집트를 포함하여 지중해 연안의 모든 나라와 활발하게 교역하던 페니키아는 이스라엘 땅에서는 구하기 힘든 귀한 금속 제품이나 상아 그리고 아마도 무기까지도 이스라엘에 제공하였을 것이다.

고고학은 아합이 전략적 장소에 위치한 몇몇 성읍을 요새화했다는 사실도 함께 보여 준다. 그의 아버지가 시작한 사마리아의 요새화를 계속 추진했을 뿐 아니라, 티베리아 호수 북쪽에 있으면서 요르단 계곡의 접근로를 통제하는 성읍 하초르와, 북쪽 이즈르엘 평야 또 남쪽 사론 평야 사이의 카르멜 산맥의 전략적 통로를 지배하는 성읍 므기또도 요새화하였다.

따라서 서쪽으로 세력을 확장하려는 아시리아에 저항하기

위해 동맹을 맺은 이 지역의 작은 왕국들의 연합체 가운데 아합 임금의 이름이 발견되는 것은 그리 놀라운 일이 아니다. 실제로 기원전 853년 아수르나시르팔 2세의 후계자 살만에세르 3세(기원전 858-824)가 이 지역의 모든 왕국을 정복하려고 길을 나섰다가, 오론테스 강가에 위치한 시리아인들의 성읍 카르카르(Qarqar)에서 그에게 맞서는 이 작은 왕국들의 연합체를 만나게 된다.

 살만에세르 3세는 아합이 병거 이천 대와 군사 만 명을 데리고 그곳에 있었다고 기억한다. 이 정도 규모의 군대는 연합군에서도 가장 중요한 부분을 차지하던 규모였고, 따라서 이 사실은 아합이 아시리아 제국에 맞서기 위해 세워진 동맹에서 핵심 역할을 한 사람 중 하나였음을 잘 보여 주는 증거가 된다. 하지만 몇몇 학자는 '병거 이천 대'라는 숫자가 지나치게 과장된 것처럼 보인다며 의문을 제기한다. 어쩌면 이는 기록자들의 실수일 수도 있다. 살만에세르 3세의 문서에서 이 밖에도 다른 여러 가지 오류가 발견되고 있기 때문이다. 여기에서 우리는 성경 밖의 문서도 비판적 시각으로 읽어야만 한다는 것을 깨닫게 된다. 그 문서들 역시 잘못된 정보를 담고 있을 가능성이 충분하기 때문이다.

 카르카르 전투의 결과가 정확하게 어떤 것이었는지 우리는 알 수가 없다. 살만에세르 3세가 그의 승리를 노래하였지만, 그 후 몇 년 동안 그가 이 지역에 다시 모습을 드러내지 않았다는 것 역시 사실이기 때문이다. 4년이란 시간이 지난 후에야(기원전 849), 그 뒤로도 단지 몇 차례(기원전 848, 845)에만 이 지역으로 다시 돌아올 수 있었을 뿐이다.

살만에세르 3세가 카르카르의 승리를 경축하는 반면, 성경에서는 이 전투에 대한 기억을 전혀 찾아볼 수가 없다. 성경 저자들이 당시의 국제적 정치 상황에 그리 큰 관심을 가지고 있지 않았기 때문일 것이다. 그들의 관심은 그것보다는 오히려 그들 왕국의 종교적 문제에 집중되어 있었다. 당시 그들의 역사와 사건의 중심에는 오직 엘리야라는 인물이 있었을 뿐이었다. 그에 비해 살만에세르 3세는 그들에게 별 다른 의미를 주지 못하는 인물이었다. 모든 문학작품이 그러하듯, 성경 역시 선별된 사건들의 열매일 뿐이다. 현대의 역사가에게 카르카르 전투는 언급하지 않을 수 없는 역사적 사건일 것이다. 그러나 이것이 성경에는 적용되지 않는다. 그리고 이러한 사실에서 우리는 성경의 의도가 '현대 역사 기술'의 의도와 전혀 다른 것이었음을 다시 한 번 확인할 수 있다. 따라서 역사성이나 객관성과 관련하여 성경이 전해 주는 것들이 우리 기준에 부합하지 않는다 해도 전혀 놀랄 필요가 없다고 말할 수 있다.

역사가들이 재건해 낸 연대기에 의하면, 아합 임금은 카르카르 전투가 있었던 기원전 853년에 생을 마친다. 그리고 아아합 임금이 카르카르 전투에서 살만에세르 3세에 대항하여 시리아의 아람인들과 동맹을 맺었다는 사실은, 성경에 나오는 이스라엘과 아람인들의 두 차례 전투(1열왕 20장; 22장)가 실제 사실과는 상당히 거리가 있음을 시사해 준다. 열왕기 상권 22장은, 역사가들의 의견과 다르게, 아합 임금이 아람인들을 상대로 벌인 라못 길앗 전투 중에 부상을 입고 그곳에서 죽었다고 이야기한다.

실제로, 아람인들과 벌인 두 번의 전투 이야기에서 아합 임금의 이름은 아주 드물게 언급된다(1열왕 20,2.13.14; 22,20). 그뿐만 아니라, 이 두 이야기에서는 '이스라엘 임금'이라고 하는 모호한 호칭이 훨씬 더 자주 쓰이고 있다. 따라서 전문가들은 이 두 본문이 아합 임금이 다스리던 시기보다 훨씬 더 후대의 상황, 곧 여호아하즈 임금(기원전 820-803)과 요아스 임금(기원전 803-787)이 자신들의 통치 시기에 다마스쿠스의 아람인들과 벌인 전투를 반영하고 있다고 여긴다. 그 당시에 이스라엘은 점점 약해져 가고 있었던 반면, 위의 아람인들의 세력은 점점 더 커지고 있었다(2열왕 13,3-5.22.24-25). 어쨌든, 성경의 전통은 아합 임금을 이 두 가지 이야기의 주인공으로 만들어 놓았다. 그를 불충하고 사악한 임금으로 여겼기 때문이다. 그리고 이 이야기들의 본래 의도는 무엇보다도 예언자들의 능력(1열왕 20장)을 보여 주려는 데에 있는 것처럼 보인다. 이는 특히 나봇이 살해된 후에 엘리야 예언자가 아합에게 내린 저주에서 잘 드러나고 있다(1열왕 22장; 참조 1열왕 21,19; 22,38). 엘리야 예언자는 "개들이 나봇의 피를 핥던 바로 그 자리에서 개들이 네(아합) 피도 핥을 것이다"(1열왕 21,19)라고 말했다. 그러나 나봇은 이즈르엘에서 죽었고, 아합은 라못 길앗에서 죽는다(1열왕 22,37-38). 본문의 이러한 모순으로부터 우리는 열왕기 상권 22장의 편집자가 이 본문을 그보다 훨씬 앞서 존재하던 이야기에 인위적으로 연결시켜 놓았음을 짐작해 낼 수 있다.

바로 여기에서 성경이 가진 신학적 의도가 그것이 보여 주는 역사적인 정확성보다 훨씬 더 중요하게 여겨지고 있다는 것을 볼 수 있다. 아마도 아합 임금은 아람인들과 싸우다 죽지 않고 – 물론, 이러한 가설을 분명하게 확인시켜 주는 방법은 없다 – 아시리아에 대항하여 기원전 853년에 벌인 카르카르 전투에서 죽었을 것이다. 실제로 그는 바로 그 해에 생을 마감했다. 그러나 성경이 이 전투를 기록하고 있지 않기 때문에 다른 상황에서 아합 임금이 죽도록 '만들고' 있는 것이다. 어쨌든, 성경에서 아합 임금의 참혹한 죽음은 하느님의 징벌로 간주된다. 성경은 이처럼 자신만의 의도와 목적을 가지고 이야기를 재해석하며 재배열한다. 오늘날의 표현을 빌리자면, 성경은 하나의 주장과 신념을 보여 주고자 한다. 이 사실에 어느 누구도 놀랄 필요가 없다. 현대의 역사가들 역시 이와 똑같은 방식으로 행동하고 있기 때문이다. 유일한 차이점은 역사가들의 주장이나 신념이 더 이상 신학적인 것이 아니라, 역사적인 것을 통해 정당화되고 있다는 사실뿐이다.

3) 메사 비석

높이 1,1m, 폭 60cm의 이 비석은 1868년 현재 요르단에서 독일 선교사에 의해 발견되었다. 그런데 불행하게도 베두인들이 이 비석을 팔기 위해 여러 조각으로 깨트려 버린다. 다행스럽게도 고고학자 클레르몽 간노(Clermont-Ganneau)가 비문을 복원하였고, 그 이후 비문의 가치가 인정되어 비석은 지금 프랑스 파리의 루브르 박물관에 소장되어 있다. 비석에 적힌 서른네 줄의 글은 기원전 852년에서 기원전 842년 사이에 있었던 일을 언급하고 있다. 그 글에 의하면, 이 비석은 모압 임금 메사(Mesha)가 그의 원수들과 벌인 전쟁에서 결정적인 승리를 거둔 후에, 모압의 신 크모스(Kemosh)에게 감사를 드리기 위해 신전에 세운 것이다.

 우리에게 좀 더 흥미롭고 더 중요하게 여겨지는 부분을 여기에 옮겨 보겠다.

 "나 메사는 모압의 임금이었던 디본 사람 크모스의 아들이다. 내 아버지는 30년 넘게 모압을 다스렸고, 나는 아버지를

▲ 메사 비석(기원전 841년경)
(출처: *Atlas van de Bijble*, p. 80, n. 229.)

이어 모압 임금이 되었다. 나는 구원의 장소인(번역하기 상당히 힘든 단어로 쓰여 있다) 케리호(Qeriho)에 크모스를 위한 신전을 세웠다. 그분(크모스)께서 모든 공격에서 나를 구해 주었고, 내가 모든 원수들과 싸워 승리를 거둘 수 있게 해 주셨기 때문이다. 이스라엘 임금 오므리가 수년 동안 모압을 억압했는데, 그것은 크모스가 그의 백성에게 화가 나 있었기 때문이었다. 오므리의 아들이 그의 뒤를 이어 이렇게 말했다. '모압을 억압하리라.' 바로 내 시대에 그가 이렇게 말했으나, 나는 그와 그의 집안을 거슬러 승리를 거두었다. 그래서 이스라엘은 영원히 폐허가 되었다…."

성경 역시 이 모압 임금, 메사에 대해 이야기한다. 열왕기 하권에 따르면, 임금 메사는 이스라엘에 종속되어 있었고 매년 일정한 공물을 바쳐야만 했다(2열왕 1,1; 3,4-5). 같은 성경에 의하면, 그는 아합 임금이 죽은 뒤에 공물을 바치지 않겠다며 반란을 일으킨다. 아합의 아들 요람과 그의 동맹국들이 - 유다 임금 여호사팟과 에돔 임금 - 함께 곧바로 모압을 공격하고, 임금 메사를 모압의 수도로 몰아넣어 포위한다. 열왕기 하권 3장에 이 전투가 묘사되어 있다.

그런데 모압 임금 메사 편에서는 오히려 그가 오므리 아들의 통치 시기에 이스라엘의 속박에서 드디어 벗어났으며, 자신의 본래 영토를 회복했을 뿐 아니라 나아가 이스라엘 영토의 일부를 점령했다고 주장한다. 그리고 그 이후 정복한 성읍들을 재건하고, 그의 왕국을 굳건하게 했다고까지 말한다.

이러한 차이점에도 불구하고 성경과 메사 비문은 몇 가지 중요한 점에서, 즉 임금 메사의 이름, 그리고 이스라엘에 대한 그의 복종과 반란에서 서로 일치한다. 그러나 여기에서 임금 메사가 언급한 '오므리의 아들'은 정확하고 좁은 의미에서의 '아들'이 아니라 넓은 의미의 '자손'이나 '후예'라는 뜻으로 해석해야 할 필요가 있어 보인다. 왜냐하면, 이 비문의 경우에 '오므리의 아들'은 아합 임금(기원전 875-853)이 아니라, 요람(기원전 852-841)을 가리킬 것이기 때문이다. 따라서 이 점에서는 메사 비문이 부정확하다고 말할 수 있다.

물론, 모든 문서나 자료는 각자 나름의 목적을 가지고 있다. 열왕기 하권 3장에 나오는 성경 이야기는 예언자 엘리사의 모습을 부각시키는 데 목적이 있을 뿐, 지리적이고 역사적이며 전술적인 세부 사항을 정확하게 묘사하는 데에는 별로 관심이 없다고 볼 수 있다. 그에 비해 메사 비문은 넓은 의미에서 모압 임금의 모습을 칭송하려는 하나의 정치적 선전을 위한 문서라 말할 수 있다.

4) 단 비문

세 번째로 중요한 문서는 앞에서 이미 언급한 단 비문이다. 이 비문에서 다마스쿠스 임금 하자엘(Azael)은 그가 이스라엘 임금 요람과 유다 임금 아하즈야('다윗 집안'의 임금)를 죽였다고 주장하고 있다. 그러나 현재 파편만 남아 있는 불완전한 상태라, 이 비문이 어떤 내용으로 시작되는지를 우리로서는 정확하게 알 수 없다.

비문의 본문은 아람어로 쓰여 있고, 해석하기 어려운 부분도 일부 포함되어 있다. 본문 중 13줄의 글이 복원되었는데, 그중에서도 단지 몇 개만이 완전한 문장을 이루고 있다. 여기에 읽어낼 수 있고 또 중요하다고 여겨지는 몇 문장을 옮겨 보겠다. 더불어 필자가 여기에 옮긴 번역이 온전한 문자적 번역은 아니라는 사실도 함께 밝혀 둔다.

"나는 아합의 아들인 이스라엘 임금 요람을 죽였고 다윗 집안의 임금 여호람의 아들 아하즈야를 죽였다. 그리고 나는 그들의 성읍들을 파괴하고, 그들의 나라를 황폐하게 만들었다 … 예후가 이스라엘을 다스렸다 …."

성경 또한 이스라엘을 상대로 한 하자엘의 전투에 대해 언급한다(2열왕 8,28). 그러나 성경과 단 비문 사이에 한 가지 모순이 분명하게 보인다. 성경에 의하면, 요람과 아하즈야를

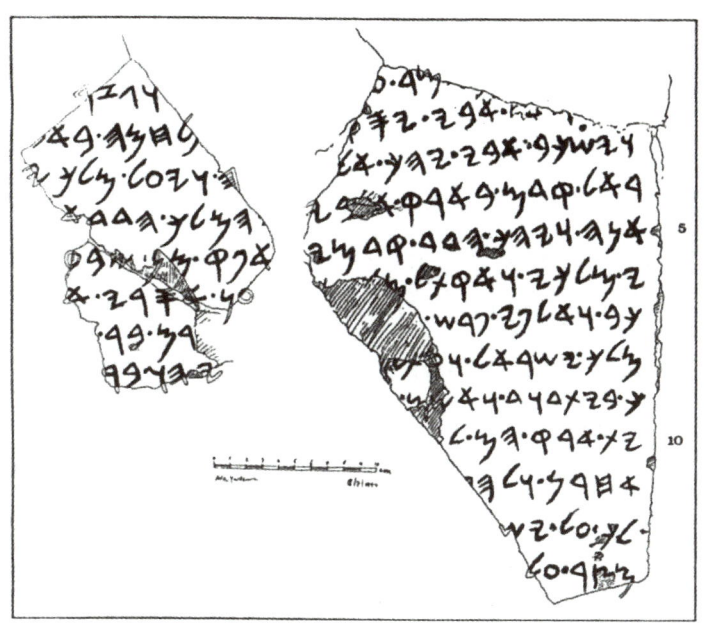

▲ 아다 야르디니(Ada Yardini)가 그린 단 비석(기원전 841년경)의 두 파편 약도.
(출처: A. Biran & J. Naveh, "Tel Dan Inscription: New Fragment", *Israel Exploration Journal* 45(1995) 1–18, p. 12.)

죽인 인물이 하자엘이 아니라 예후로 나오기 때문이다(2열왕 9,24.27). 성경의 그 이야기가 이스라엘의 종교 개혁자인 예후의 모습을 부각시키고자 했을 것이기 때문에, 분명 그 내용의 신빙성은 단 비문보다 훨씬 덜하다고 말할 수 있을 것이다. 사실 열왕기 하권 9장과 10장의 메시지는 실제로 벌어진 일의 세부적이고 세심한 역사적 정확성과는 거리가 멀다.

5. 예후 왕국

성경 독자들에게 그리 잘 알려져 있지 않은 예후라는 인물은 사실상 역사적 증거물에서 형상화된 모습으로 발견되는 이스라엘의 첫 번째 임금이다. 그는 도판(다음 페이지에 나오는 살만에세르 3세의 오벨리스크) 설명에서 언급되듯이, 아시리아의 오벨리스크 부조浮彫에서 상당히 굴욕적인 자세로 살만에세르 3세 앞에 조공을 바치며 머리를 땅에 조아리는 모습으로 나타나 있다. 살만에세르 3세의 연보年譜는 아시리아 임금이 기원전 841년 시리아와 팔레스티나를 향해 전쟁을 시작할 무렵 예후가 이렇게 조공을 바쳤다고 전하고 있다. 당시 아시리아 임금의 주요한 적은 단 비석을 세웠던 다마스쿠스 임금 하자엘이었다. 살만에세르는 그를 '아비 없는 자식'이라 불렀고, 그에 비해 예후는 '오므리의 아들'이라 불렀다.

'아비 없는 자식'이라는 명칭은 상당히 경멸적인 표현에 속한다. 당시 외교적인 언어 표현법에서 이 말은 하자엘이 비합법적인 임금임을, 다시 말해 그가 왕위를 찬탈한 자로 간주되고 있음을 보여 준다. 실상 그가 아시리아 제국의 주요한 적이었기 때문에, 살만에세르 편에서 그를 칭송할 이유가 하나도 없었을 것이다. 그러나 아시리아 문서에서 발견되는 하자엘에 대한 이러한 경멸적인 명칭은 하자엘이 어떻게 왕위를 차지하게 되었는지를 묘사하는 성경 이야기와 일맥상통한다. 성경에 의하면, 하자엘은 병들어 침상에 누워 있는 다마스쿠스 임금 벤 하닷(Ben-Adad)을 질식시켜 죽인 뒤, 그 뒤를 이어 임금이 되었기 때문이다(2열왕 8,7-15). 그러나 여전히 남아 있는 문제가 하나 있다. 살만에세르 3세가 남긴 문서에, 아람인들(다마스쿠스)의 임금이 벤 하닷이 아니라 하다데제르(Adadezer)로 나온다는 사실이 바로 그것이다. 여기서 벤 하닷(Ben-Adad)이란 이름은 '하닷의 아들'이란 뜻인데, 하닷은 아람인들의 신으로 바알과 비슷하게 풍요의 신으로 알려져 있다. 그에 비해 하다데제르는 '하닷은 나의 구원자'라는 의미를 지닌다. 그렇다면, 다마스쿠스의 한 임금이 비슷한 두 가지 이름을 동시에 지니고 있었다는 말인가? 그렇지 않다면, 성경이 다마스쿠스의 두 임금을 혼동한 것인가? 이 두 가지 소견 중 첫 번째, 곧 한 임금이 비슷한 두 가지 이름을 동시에 지니고 있었다는 소견이 사실에 훨씬 더 가까워 보인다.

살만에세르 3세는 하자엘과 달리, 이스라엘 임금 예후를 '오므리의 아들'이라 부른다. 그런데 성경의 열왕기 상·하권(특히 2열왕 9-10장)에 의하면, 예후는 오므리가 세운 혐오스러운 왕조로부터 마침내 이스라엘을 해방시킨 인물로 묘사된다. 그렇다면 살만에세르 3세는 어째서 예후를 '오므리의 아들'이라 부르는가? 이에 관해서는 적어도 서로 상반되지 않는 두

180 인간의 이야기에 깃든 하느님의 말씀

가지 설명이 존재한다. 몇몇 역사가는, '오므리 집안'이란 명칭이 아시리아의 외교적 언어표현법에서 '이스라엘 집안' 곧 북 왕국을 지배하는 왕가를 가리키는 통상적 명칭이 되었다고 본다. 그러나 이러한 주장이 언제나 북 왕국의 모든 임금에게 그대로 적용된 것으로 보이지는 않는다. 이스라엘의 다른 임금들이 다른 명칭으로 불리는 경우가 있기 때문이다. 살만에세르 3세는 아합 임금을 '이스라엘인'이라고 불렀다. 후기에 이르러, 기원전 802년경에 아다드 니라리 3세(Adad-Nirari III)는 '사마리아인 여호아스'라고 말하고 있고, 기원전 738년경 티글랏 필에세르 3세(Tiglat Pileser III)도 이스라엘 임금 므나헴을 가리키는 데 똑같은 명칭('사마리아인')을 사용했다. 그러나 다른 한편으로, 기원전 732년에 같은 임금 티글랏 필에세르 3세가 이스라엘 임금들에게 여전히 '오므리 집안'이란 명칭을 사용한 것 또한 사실이다. 이는 오므리 왕가가 사라진 뒤 한 세기

◀ 살만에세르 3세(기원전 858-824)의 오벨리스크(영국박물관 소장). 약 2미터 높이의 오벨리스크의 네 면이 모두 부조浮彫로 장식되어 있다. 그 중 하나에서 '오므리의 아들'이라 불린 예후 임금이 살만에세르 3세 앞에 머리를 조아리고 있는 모습을 볼 수 있다. 엎드린 예후는 끝이 뾰족하고 둥글납작한 모자를 쓰고 있고, 살만에세르 3세는 신에게 제주祭酒를 바치고 있다. 살만에세르 3세의 오른쪽 위에 있는 두 개의 상징은 아시리아의 신들을 나타낸다. 날개 달린 태양은 샤마쉬(Shamash) 신을, 별은 이슈타르(Ishtar) 여신을 상징한다. 아시리아 임금을 수행하는 시종 네 명이 파라솔과 부채, 그리고 권력을 상징하는 다른 물건을 지닌 채 오른편과 왼편에 서 있다.
(출처: *Atlas van de Bijble*, p. 88, n. 247b.)

가 지난 이후에도 여전히 이 명칭이 아시리아 임금들의 공식 문서에 사용되었음을 보여 준다.

다른 학자들은 이와 다른, 좀 더 세련되고 논리적인 설명을 선호한다. 살만에세르 3세는 다마스쿠스 왕국과 그 나라의 임금이었던 하자엘을 기원전 841년경 격퇴시킬 수 있었다. 이 시기에 이스라엘 임금 예후는 그의 전임자들이 걸어왔던 정치적 노선에서 벗어나 아시리아에 복종하는 길을 선택했다. 따라서 살만에세르 3세의 문서는 아마도 위의 두 임금, 곧 '반역자' 다마스쿠스의 하자엘과 '충실한' 이스라엘의 예후 사이의 극명한 대조를 보여 주고자 했을 것이다. 따라서 하자엘을 반역자 곧 '아비 없는 자식(비합법적인 왕)'으로 표현하고 이와 반대로 예후를 충실한 임금 곧 '오므리의 아들'로 표현한다. 다시 말해서, 예후를 '오므리의 아들'로 표현한 것은 아시리아인들의 입장에서 예후가 이스라엘 왕가(오므리의 나라)의 적법한 후계자로 간주되고 있음을 시사한다는 것이다.

앞에서 이미 살펴보았듯, 예후 임금의 이름은 단 비문에서도 발견된다. 그러나, 예후의 이름이 발견된 비문의 부분이 매우 불완전한 상태다. 비문의 그 부분은 단지 '예후가 이스라엘을 다스렸다'라고만 되어 있을 뿐이다. 아마도 다마스쿠스 임금 하자엘 편에서 예후가 다스리던 이스라엘의 한 성읍을 포위했다는 사실을 암시하는지도 모르겠다. 비문의 이 부분이 매우 단편적이라 이해하기 어려운 것이 사실이지만, 위의 이러한 가정이 불가능한 것만도 아니다. 아시리아 제국에 대해 하자엘과 예후가 취한 정치적 성향이 정반대였기 때문이다. 게다가 성경은 이 하자엘이 이스라엘 왕국에 속한 요르단 건너편의 모든 영토를 정복하는 데 성공했다고 전한다(2열왕 10,32-33). 그러므로 이 시기에 이스라엘과 다마스쿠스가 적대관계에 있었다는 사실에는 의심할 여지가 없겠다.

그러나 성경은 예후가 아시리아에 복종했다거나 살만에세르 3세에게 조공을 바친 일에 대해서는 언급조차 하지 않는다. 이는 어떻게 설명될 수 있을까? 다른 경우와 마찬가지로, 여기서도 성경 본문의 본질적인 의도와 '문학 양식'에 대해 질문해 볼 필요가 있겠다. 오므리 집안에 대항하여 벌인 예후의 '혁명'을 매우 꼼꼼하게 묘사하고 있는 열왕기 하권 9장과 10장의 이야기는 예언적 특징을 지닌 글에 속한다고 말할 수 있다. 예후가 아합이 받아들이고 섬기던 바알 신에 대항하여, 이스라엘의 하느님 곧 야훼의 시종으로 소개되고 있기 때문이다. 아마도 그의 '혁명'은 이스라엘의 예언자 집단으로부터 격려와 지지를 받았을 것이다. 성경에 따르면, 예후는 명백하게 엘리사가 보낸 예언자로부터 기름부음을 받아 임금으로 축성된다(2열왕 9,1-13). 그뿐 아니라, 예후는 오므리 집안에 대항하여 벌인 그의 활동에서 레캅인(Recabiti)이라 불리는 보수적 성향을 지닌 집단으로부터 지지를 받게 될 것이다(2열왕 10,15-16). 레캅인들은 반유목민처럼 살아가기를 고수하던 자들이었는데, 성경에 그들은 천막에서 살며 포도주를 마시지 않는 자들로 묘사된다(예레 35,5-15 참조). 레캅인들은 분명 이 예후에게서 옛 관습과 옛 종교를 회복시킬 재건자의 모습을 보았을 것이고, 이는 또한 성경이 예후를 통해 보여 주고자 했던 모습이기도 하다.

옛 종교의 재건자라는 이러한 예후의 모습에 그가 아시리아 제국과의 관계에서 벌인 또 다른 성격의 사건을 조화시켜 놓는 것은 상당히 어려운 일이었을 것이다. 바로 이 이유 때문에 성경이 예후와 아시리아 제국 사이의 일에 대해 침묵하는지도 모르겠다. 어쨌든, 성경은 이스라엘의 영토와 그곳에 사는 이스라엘 민족의 운명에 직접 영향을 미치는 사건들에 대해 계속해서 정보를 제공해 주기는 하지만, 카르카르 전투나 예후가 아시리아에 바친 공물 같은, 그 이상의 것들에 대해서는 침묵한다.

앞에서 살펴본 모든 것은 성경 본문뿐만이 아니라, 고대 근동의 문헌까지도 어떤 방식으로 또 얼마나 신중하게 읽어 내야 하는지를 잘 보여 준다. 이 문헌들은 각자 자신만의 배경과 의도를 지니고 있으며, 나아가 그 안에서 정치적이거나 종교적인 또는 그 두 가지를 함께 포함한 어떤 메시지를 전달하기 위해 서슴없이 사건들을 재해석하고 재배치한다. 각 문서는 정치적 견해나 특별한 종교적 행동에 대한 그들의 선택을 확신시키고자 하며, 따라서 그러한 자신의 목적에 유익한 사건들만 말하고 있을 뿐이다. 열왕기 하권 9장과 10장에 나오는 성경 이야기는 예후를 옛 종교의 재건자로 칭송하고자 할 뿐이며, 반면 아시리아 문헌은 그들 임금들의 용맹함을 찬양하고 거대한 제국에서 그들이 지닌 특권을 정당화하고자 한다는 것이다.

문헌들이 같은 한 가지 사건을 이야기하면서도 충분히 서로 다른 다양한 관점을 가질 수 있다는 것을 더 잘 보여 주기 위해, 마지막으로 이스라엘 임금 예후와 관련된 성경 본문을 더 인용해 보겠다. 북 왕국에서 기원전 750-720년경 사이에 활동했던 호세아 예언자는 열왕기 하권 9-10장의 저자에 비해 같은 이스라엘 임금 예후에 대해 훨씬 덜 긍정적인 모습을 보여 준다. 호세아 예언자가 전하는 신탁에서 하느님은 다음과 같이 말씀하신다. "나는 이즈르엘의 피에 대한 책임을 물어 예후의 집안을 벌하고, 이스라엘 집안의 왕조를 없애 버리리라"(호세 1,4).

이즈르엘 평야는 예후가 오므리 집안의 마지막 후손이었던 요람을 죽이고 권력을 획득한 곳이다(2열왕 9,15-26). 여기서 예후가 요람을 살해한 일이 열왕기 하권 9-10장의 저자에게는 오므리 집안의 임금들이 가졌던 불충함 때문에, 특히 아합과 이제벨이 함께 나봇을 살해한 일 때문에 정당화된다(1열왕 21,19.29; 2열왕 9,25-26.36-37 비교). 그러나 호세아 예언자에게는 이러한 예후의 폭력적 '혁명'이 정당화되지 않는다. 그뿐 아니라 그는 이것이 먼 훗날 북 왕국이 맞게 될 비참한 최후의 원인이 될 것이라고 말한다. 호세아 예언자는 이처럼 예후가 권력을 차지한 방식을 매우 잔혹한 일로 여긴다. 이는 아마도 그가 이러한 예후의 모습에서 기원전 722년 사마리아의 멸망 직전에 있었던 왕조 전복 사건에 대한 예표를 보았기 때문일 것이다. 예언자가 폭력의 사용을 비난하며 단죄하는 이유는 바로 예후의 그 폭력적 '혁명'에서 이스라엘 왕국을 파멸로 인도하게 될 악의 뿌리를 보았기 때문이라는 것이다.

이렇듯 성경 자체 역시, 같은 사건과 같은 인물에 대해 서로 다른 두 가지 의견을 제시할 수 있다는 것을, 그리고 그 두 가지 의견이 때로는 정반대의 대조를 이룰 수 있다는 사실을 강조할 필요가 있다. 이 두 가지 본문은 둘 다 '영감'을 받아 쓰였으며, 성경(Sacra Scrittura)의 한 부분을 차지하고 있다. 그러나 이 두 본문이 지닌 전망은 서로 다르다. 왜냐하면 이 본문을 쓴 두 저자가 서로 다른 시대를 살았으며, 그들의 글을 통해 제시하고자 했던 메시지 또한 서로 다르기 때문이다. 열왕기 하권 9-10장의 본문은 예언자들의 정신에 따라 이스라엘의 하느님 곧 야훼 종교에 충실한 자의 승리를 보여 주고자 하며, 이와 달리 호세아서는 폭력이 어느 누구도 멈출 수 없는 일련의 과정을 거쳐 결국 그 폭력을 사용한 자에게 치명적인 결과를 안겨 줄 것이라는 사실을 증명해 주고자 한다. 이렇게 같은 사건에 대해 서로 다른 생각과 의견을 제시하지만, 그 나름의 관점에 따라 두 가지 본문의 전망은 모두 다 옳다고 말할 수 있겠다.

6. 이스라엘 임금, 여호아스의 조공(기원전 798-783)

아시리아 임금 아다드 니라리 3세(Adad-Nirari III, 기원전 810-783)는 할아버지 살만에세르 3세가 자신의 통치 시절에 확장시켰던 영토를 재정복하길 원했다. 이에 그는 기원전 805년 아르파드(Arpad) 임금을 완전히 제압하고 시리아 북부를 다스리는 데 성공한다. 나아가 남쪽으로 내려와 다마스쿠스 임금과 싸워 다시 승리를 거둔다. 그리고 마침내 시리아 팔레스티나의 전역으로 그의 지배권을 확장시키는 데 성공한다. 아다드 니라리는 자신이 이렇게 에돔을 포함하여 남쪽의 필리스티아까지 전 지역을 지배했다는 사실을 칼라(Cala)의 비문에서 주장한다. 텔 에르 리마(Tell er-Rimah)에서 발견된 같은 임금 아다드 니라리의 다른 비문 또한 사마리아인 여호아스와 티로와 시돈에 살던 사람들이 그에게 바친 조공에 대해 언급하고 있다.

성경은 이러한 여러 사실에 대해서도 침묵으로 일관한다. 게다가 이스라엘의 여호아스 임금에 대해 성경은 상대적으로 매우 적은 정보만을 전해 줄 뿐이다(2열왕 13,10-11; 14,8-16). 이 국제적 사건에 대한 성경의 침묵을 어떻게 설명해야 할까? 이미 언급했듯이, 이 침묵의 원인은 상당히 간단하다. 열왕기 저자들은 무엇보다도 먼저 이스라엘의 역사와 민족, 그리고 그들의 땅과 밀접히 관련된 사건들에만 관심을 가졌을 뿐이다. 따라서 하자엘의 아들이었던 다마스쿠스 임금 벤 하닷에 대한 여호아스의 승리와 여호아스가 아버지 여호아하즈가 하자엘에게 빼앗겼던 성읍들을 되찾은 사건(2열왕 13,3.25) 그리고 여호아스가 벳 세메스에서 유다 임금 아마츠야(기원전 796-781)에게서 거둔 승리(2열왕 14,8-14)에 대해서만 이야기한다. 마찬가지로 이스라엘 민족의 정치와 민중의 일상에서 예언자가 차지하는 중요한 위치를 보여 주기 위해 여호아스가 예언자 엘리사를 만난 이야기를 전해 준다. 바로 이런 것이 열왕기 저자들의 핵심 관심사였다. 반면, 국경 저 너머에서 벌어지던 일들과 민족의 운명에 직접 영향을 끼치지 못하는 사건들은 성경의 연대기에 '기록'되지 않고 있다. 하지만, 이스라엘 임금 여호아스가 벤 하닷에게 승리할 수 있었던 이유는 이 다마스쿠스 임금이 아시리아의 아다드 니라리 3세와 전투를 치루면서 매우 약화되어 있었기 때문이라는 사실을 쉽게 추측해 볼 수 있다. 그러나 이러한 정황에 대해서도 성경은 당연히 침묵할 뿐이다.

이렇듯 몇몇 굵직한 국제적인 사건에 대해 침묵하는 성경의 이러한 특징을 더 확실하게 증명해 보고자 한다면, 열왕기가 아시리아 제국에 대한 이야기를 시작하는 때가 바로 티글랏 필에세르 3세(기원전 745-727)가 이스라엘 북부를 침략해 온 때라는 사실을 기억하는 것만으로도 충분할 것이다(2열왕 15,19-20.29; 참조 이사 8,23-9,1). 성경은 그를 풀(Pul)이라고 부르는데, 이는 그가 기원전 729년 바빌론 임금이 되었을 때 지녔던 이름이었다. 어쨌든 이 사실은 누군가 이스라엘의 국경이라고 하는 작고 협소한 테두리 '안'에 나타났을 때에야 성경이 비로소 그 인물을 기억한다는 것을 분명하게 보여 준다. 당시 사마리아 임금인 므나헴은 티글랏 필에세르 3세에게 조공을 바쳐야만 했다(2열왕 15,20). 실제로 이 아시리아 임금이 세운 한 비문에는 그에게 조공을 바치는 시리아 속국들의 명단이 적혀 있는데, 그 가운데 사마리아 임금 므나헴의 이름도 포함되어 있다. 티글랏 필에세르 3세의 연대기에는 그와 더불어 '오므리 집안의 나라'와 벌인 전쟁에 대해서도 언급되어 있다.

그 연대기에 의하면, 아시리아 임금은 사마리아 점령 후 오므리 집안의 나라 곧 북 왕국 이스라엘의 백성을 아시리아로 유배 보냈고, 이스라엘 임금인 페카(기원전 737-732)를 왕위에서 끌어내렸으며, 북 왕국의 마지막 임금인 호세아(기원전 732-724)를 새 임금으로 세웠다.

그러나 성경에 의하면 호세아가 음모를 꾸며 스스로 페카를 살해하고 왕위를 차지한 것으로 되어 있다(2열왕 15,30). 그렇다고 해서 아시리아 문헌과 성경 본문들이 반드시 반대되는 이야기를 하고 있다고 말할 수는 없다. 아시리아의 문헌이 호세아에게 주었던 아시리아 제국의 지지와 도움을 강조하고 있을 뿐이며, 그에 비해 성경의 본문은 외부의 개입에 대해 전혀 언급하지 않은 채 다만 이스라엘 내부에서 벌어진 사건들에 대해서만 기록하고 있기 때문이다.

티글랏 필에세르 3세는 유다 임금 아하즈에게서도 조공을 받았다. 다마스쿠스 임금 르친과 이스라엘 임금 페카가 반反아시리아 동맹에 참여하라고 유다를 협박하던 사이에, 아하즈가 아시리아 임금에게 도움을 청하며 조공을 바친 것이었다. 성경도 이 사건과 여기에 관련된 전쟁에 대해 똑같이 언급하며(2열왕 16,5-18; 이사 7,1-9), 아하즈가 조공을 바친 일도 함께 전해 준다(2열왕 16,8-9). 이 경우 아하즈의 행동과 아시리아 임금의 개입은 예루살렘의 운명에 직접, 그리고 즉각적 영향을 끼치는 것이었다. 따라서 성경은 이러한 사실을 후대에 전해 줄 가치가 있는 것으로 간주하며 언급한다.

성경이 전해 주는 역사는 이렇게 이스라엘 백성의 운명에만 관심이 있을 뿐, 그 밖의 다른 국제 정치 상황에 대해서는 무관심한 태도를 보인다. 마찬가지로 아시리아 제국의 연대기나 문헌 역시 다른 나라에 대해 단지 그들이 아시리아에 의해 정복당했거나, 아니면 조공을 바쳤을 경우에만 언급할 뿐이다. 그들의 정치 영역을 국제적으로 확장시키는 것이 바로 이 거대한 제국의 관심사였기 때문이다. 따라서 '완벽하게 객관적'이고 '전혀 사심이 없는' 역사란 고대에서는 거의 찾아보기 힘든 매우 드문 것이라 말할 수 있겠다. 역사와 역사 기술에 대한 오늘의 상황이 과거에 비해 많이 변한 것은 사실이다. 과거와 비교해 볼 때 역사 기술의 원칙이 많이 바뀌었기 때문이다. 그럼에도 불구하고, '완벽하게 객관적인 역사'란 여전히 도달하기가 거의 불가능한 하나의 이상理想일 뿐이라는 점 역시 변하지 않는 사실이다.

7장

국제정치의 소용돌이 속의 이스라엘 왕국과 유다 왕국

1. 북 왕국 이스라엘의 종말

북 왕국의 마지막 순간, 곧 기원전 722/721년에 있었던 수도 사마리아의 포위와 점령에 대해서는 아시리아 문헌이 많은 것을 말해 준다. 그리고 이들 대부분이 성경이 전하는 이야기들과 일치한다. 특히 아시리아 문헌은 이 비극적 사건에 대해 성경이 보여 주는 전망을 완전히 보완해 줄 수 있는 흥미로운 점을 다수 포함하고 있다. 아시리아 군대가 수차례에 걸쳐 이스라엘 영토에 들어왔기 때문에, 열왕기는 그 존재를 기록하지 않을 수 없었다. 티글랏 필에세르 3세의 후계자 살만에세르 5세(기원전 727-722)와 그의 아들 사르곤 2세(기원전 721-705)의 이름이 실제로 성경에 언급되고 있다(전자의 이름은 2열왕 17,3-6; 18,9-12; 후자의 이름은 이사 20,1).

그런데 수도 사마리아의 점령과 민족의 유배에 관해 성경의 열왕기는 그 모든 것이 살만에세르 5세의 주도하에 이루어진 것으로 이야기할 뿐, 그의 아들 사르곤 2세에 대해서는 침묵한다. 그러나 사르곤 2세는 자신이 수도 사마리아를 포위하고 점령했으며, 이스라엘 민족을 유배시켰고, 나아가 이스라엘을 아시리아 제국의 한 지역으로 편성했다고 스스로 주장한다. 그뿐 아니라, 사르곤 2세의 공적功績이 적혀 있는 이른바 니므롯 프리즘(Prisma di Nimrud)[19]이라 불리는 돌기둥에서 '사마리아의 반역'에 대해 언급하며, 이 때문에 사르곤 2세가 사마리아를 또다시 정복해야 했다고 밝히고 있다. 또 그 프리즘

19_ 니므롯은 고대 아시리아의 성읍 카루(Kalhu)의 후기 아랍식 이름으로, 북메소포타미아의 티그리스 남쪽 강변에 위치한 성읍이다. 성경에서 이 성읍은 켈라로 알려져 있다(창세 10,11-12 참조). 이곳에서 사르곤 2세의 공적이 새겨진 돌기둥이 발견되었는데, 이를 니므롯 프리즘(Prisma di Nimrud, The Nimrud Prism)이라 부른다. 이 돌기둥에는 특히 사르곤 2세가 그가 정복한 나라들로부터 사람들을 이주시켜 사마리아에 정착시켰으며, 때문에 어느 때보다도 많은 사람이 사마리아에 살게 되었다는 내용이 적혀 있다.

에는 그가 아시리아 제국의 다른 지역에서 데려온 외국인들을 사마리아에 정착시켰다고 적혀 있다. 그러나 이러한 주장은, 앞에서 말했듯이 성경이 그에 대해 이야기하는 것과 정확하게 들어맞지 않는다.

이에 대해 두 가지 경우를 생각해 볼 수 있다. 첫째, 성경은 북 왕국의 종말과 관련하여 살만에세르 5세가 일으킨 중요한 사건들만 기억하고 있다는 것이다. 둘째로 사르곤 2세가 사건의 일부에 직접 관여한 것은 맞지만, 실제로는 그가 아버지 살만에세르 5세가 죽은 뒤 아버지가 시작한 정복 사업을 완료하고, 정복한 지역을 제국의 행정구역으로 편성하는 일을 했을 뿐이라는 것이다. 그러나 - 구체적인 사실이야 어찌 되었든 - 사건의 본질적인 면, 곧 아시리아 제국에 의한 북 왕국 이스라엘의 종말이란 점에서는 성경과 아시리아 문헌이 서로 일치한다.

한편, 성경은 이러한 사건의 다른 한 면을 - 성경 입장에서 보면 본질적인 면이라 말할 수 있는 - 특별히 강조한다. 상당히 긴 단락을 할애하여 비극적이고 끔찍한 이 사건의 원인을 종교적 차원에서 설명하는 것이 바로 그것이다(2열왕 17,7-23). 이 점에서, 열왕기의 저자들은 현대의 역사가들과 상당히 비슷한 면을 보여 준다고 말할 수 있다. 현대의 역사가들 역시 사건의 진행 과정만을 묘사하는 데에 만족하지 않고, 오히려 늘 무엇이 그 사건의 원인이었는지를 찾고자 하기 때문이다. 성경 저자들의 입장에서 볼 때 이 사건의 원인은 분명 종교적인 것이었다. 이스라엘이 그의 하느님께 불충했기에 그 대가를 치루고 있다는 것이다. 바로 여기에서 표면적으로 일어나고 있는 일들 밑에 존재하는 사건의 근본 원인과 원초적인 뿌리를 찾아내고자 애썼던 그들의 숙고熟考와 노력에 주목할 필요가 있다.

2. 사르곤 2세의 필리스티아 원정

사르곤 2세(기원전 721-705)는 아버지 살만에세르 5세의 정치적 노선을 지켜 가며, 아시리아의 정복 사업, 특히 지중해 연안에 대한 정복 사업을 확고하게 추진한다. 그러나 이 지역에 존재하는 사마리아와 다른 여러 작은 왕국들이 이집트의 도움과 지원을 바라고 있었기에, 아시리아와 이집트의 충돌은 피할 수 없는 숙명이 된다. 기원전 720년경 가자 남쪽에 위치한 라피아(Rafia)라는 작은 성읍에서 둘의 첫 번째 충돌이 현실화된다. 이 전투에서 사르곤 2세는 이집트인들과 그들의 동맹이었던 가자의 필리스티아인들을 격퇴시킨다.

유다 왕국이 이 전쟁에 직접적으로 관여하지 않았기 때문에 성경에서 이 전투에 대한 기억을 찾아볼 수는 없다. 그러나 그보다 좀 더 늦은 기원전 712년에 사르곤 2세가 필리스티아인들의 성읍 아스돗에서 벌인 전투에 대해서는 성경 역시 자신만의 기억을 간직하고 있다(이사 20장). 그때 아스돗은 아시리아를 거슬러 반역을 일으켰고, 이 거대한 동방의 권력에 대항하여 하나의 동맹을 결성하고자 했다. 아시리아의 몇몇 문서에 의하면, 이 성읍의 필리스티아인들은 유다와 에돔, 그리고 모압 임금의 도움에 희망을 두고 있었다.

그러나 열왕기 하권은 이 사건에 대해서도 침묵을 지킨다. 유다 왕국이 사르곤 2세의 군대로부터 직접 즉각적인 공격을 받지 않았기 때문이다. 아마도 바로 이때 예루살렘에 살고 있었던 이사야 예언자는 이 전쟁에 관여하지 말라고 유다 임금 히즈키야(기원전 716-687)를 설득해야 했을 것이다. 필리스티아인들에 대한 신탁을 담고 있는 이사 14,28-32을 이 사건에 관한 언급으로 해석하기에는, 사실 본문의 내용이 매우 모호하고 또 그 의미가 분명치 않다. 그럼에도 불구하고, 이 신탁은 북쪽으로부터 필리스티아인들에 대한 침략이 있으리라고 예고하는데(이사 14,31), 그 북쪽은 다름 아닌 아시리아 군대가 오고 있는 곳이었다. 이사 20,1-6의 내용은 훨씬 더 분명하다. 이 본문은 사르곤 임금의 아스돗 점령을 명백하게 언급하며(이사 20,1), 이집트의 도움이 전혀 쓸모없는 것임을 더욱 분명하게 말하고 있다. 여기서 이사야 예언자는 이집트가 계속 전진해 오고 있는 아시리아를 절대로 막아 낼 수 없다고 확신한다. 그 이후 벌어진 사건들은 이사야 예언자가 옳았음을 입증해 줄 것이다.

아시리아의 문서에 의하면, 당시 유다 왕국은 아시리아 제국의 영향력이 미치는 범위 안에 놓여 있었다. 아하즈가 이미 티글랏 필에세르 3세의 봉신이 되었으며, 아마도 그의 아들 히즈키야 역시 같은 정치적 노선을 따르도록 강요받고 있었을 것이다. 어쨌든 사르곤 2세는 니므롯에서 발견된 다른 비문에서 그가 "멀리 떨어진 유다 왕국을 정복했다"고 말하며, 니므롯의 관리가 사르곤에게 보낸 편지에도 유다 왕국이 그에게 조공을 바친 사실이 적혀 있다.

3. 산헤립(기원전 705-681)의 유다 전쟁(기원전 701)

1) 전쟁 이전의 사건들

기원전 705년 사르곤 2세가 죽은 뒤에 유다 왕국과 예루살렘에는 비로소 작은 희망의 불꽃이 피어오르기 시작한다. 평화로웠던 몇 년이 지난 후, 사르곤 2세의 후계자인 산헤립(기원전 705-681)은 심각한 몇 가지 문제에 직면하게 된다. 사르곤 2세에 의해 격퇴되었다가 다시 바빌론의 왕위를 되찾는 데 성공한 칼데아인 므로닥 발아단(Merodak-Baladan)의 영향 아래 제국의 전역에서 반란이 일어나기 시작할 것이다. 유다의 히즈키야 임금 역시 이러한 상황을 이용해 유다 왕국의 독립을 적어도 부분적으로나마 다시 손에 넣을 수 있었다. 그리고 이집트의 힘을 더 이상 신뢰하지 않는 이사야 예언자(이사 18,1-7; 19,1-15; 30,1-8; 31,1-3 참조)의 의견을 거슬러, 히즈키야는 다시 한 번 옛 정치 노선으로 돌아가 이집트와 동맹을 맺는다. 이에 성경은 이사야 예언자가 히즈키야뿐 아니라 어리석은 임금의 자문관들을 상대로 논쟁을 벌이는 장면을 우리에게 전해 주고 있다(이사 28,14-22; 29,15-16).

아마도 이 시기에 히즈키야는 므로닥 발아단과 접촉하고 있었을 것이다. 성경은 이에 관한 이야기들을 전해 주면서(2열왕 20,12-19), 이 일들을 유다 왕국의 종말이 가까워진 상황 속에 배치한다. 우리는 적어도 이러한 일들이 왕국의 종말에서 그리 멀지 않은 시기에 일어났다는 인상을 받게 된다. 그러나 여기에서 열왕기 하권 18-20장이 엄밀한 연대기의 배열 원칙에 따라 정리되어 있지 않다는 사실을 기억할 필요가 있다. 실제로 아시리아의 문헌에 따르면, 므로닥 발아단이 바빌론의 독립을 시도한 때가 기원전 721년과 711년 사이에 위치해 있다. 따라서 이 시기에서 시작하여 사르곤 2세의 죽음 이후 그리고 산헤립의 통치 시기 초기에 히즈키야와 므로닥 발아단의 접촉이 있었을 것이다. 다시 말해 아시리아 문헌은 성경 내용과 다르게 이 둘의 접촉이 유다 왕국과 예루살렘을 상대로 벌인 산헤립의 유다 전쟁(기원전 701)보다 훨씬 이전에 있었음을 암시한다는 것이다.

다른 한편으로 산헤립은 기원전 702년에, 곧 제국의 남서쪽으로 진군하기에 앞서 바빌론에 질서를 회복시켜 놓는다. 따라서 산헤립의 질서 회복 이전에 므로닥 발아단이 서쪽에 위치한 작은 왕국들의 도움과 지원을 바라고 있었다고 생각하는 것이 훨씬 더 논리적일 것이다. 다시 말해, 산헤립에게 바빌론이 패배하기 전에 그리고 산헤립이 예루살렘을 상대로 전쟁을 벌이기 전에, 이미 므로닥 발아단이 유다 왕국의 도움을 기대하고 있었다고 보는 것이 더 논리적이라는 말이다. 그러나 비록 그렇다 하더라도 그에 관해 확실한 건 여전히 전혀 없다고 말하는 것이 더 옳겠다.

2) 히즈키야가 방어선을 구축하다

메소포타미아의 어지러운 상황을 자신의 손으로 정리한 후, 산헤립은 그의 제국 서쪽에서 일어난 반란을 진압하기 위한 전쟁 준비를 시작한다. 유다 임금 히즈키야 역시 아시리아의 침략에 맞서기 위한 준비를 즉시 서두른다. 히즈키야는 필리스티아인들의 성읍들을 점령하고(2열왕 18,8; 참조 1역대 4,34-43), 에크론의 친(親)아시리아 임금 파디(Padi)를 포로로 잡으며, 큰 비용을 들여 도성 예루살렘을 요새화하기 시작한다. 이사야 예언서에 의하면, 이때 유다 임금은 도성의 성벽을 더욱 강화하기 위해 수많은 집을 허문다(이사 22,10; 참조 집회 48,17). 마지막으로 히즈키야는 기혼 샘의 물을 도성 안으로 끌어들이기 위해 바위에 굴을 뚫어 지하 수로를 만든다(2열왕 20,20; 참조 이사 22,9.11; 2역대 32,30; 집회 48,17).

히즈키야가 바위를 뚫어 만들었다고 여겨지는 그 굴 안쪽에서 1880년 우연히 비문 하나가 발견되었다. 그 비문은 기혼 샘에서 출발하여 굴을 파기 시작한 사람들이 도성 안쪽에서, 곧 실로아 못에서 출발한 사람들과 만났던 장소에서 발견되었다. 이 길의 길이는 대략 540미터에 달한다. 따라서 이는 현대적 장비, 특히 측량에 사용되는 현대적 도구를 가지지 않았던 당시 상황으로는 매우 뛰어난 기술적 업적이라 말할 수 있다. 어쨌든, 고고학은 이 비문을 발견함으로써 성경의 여러 곳에서 이 굴에 대해 말하는 내용이 사실임을 입증할 수 있었다.

현재 이 비문의 원본은 이스탄불의 고고학박물관에 소장되어 있고(1880년 팔레스티나가 오스만튀르크 제국에 속해 있었기 때문이다), 사람들은 파리의 루브르 박물관에서 비문의 복사본을 열람할 수 있다. 여기에 비문의 번역문을 실어 보겠다(몇몇 단어가 거의 판독할 수 없는 상태라, 비문의 번역이 전부 정확하다고는 말할 수 없다).

"이것은 굴을 어떻게 뚫었는지에 관한 기록이다. 갱부들이 [?] 곡괭이를 이용해서 한쪽에서 다른 쪽을 향해 서로 굴을 파던 중, 3큐빗(약 1.35미터)쯤 남았을 때 반대편에서 상대방을 부

◀ 유다 임금 히즈키야가 도성 예루살렘 안으로 물을 끌어들이기 위해 판 굴(기원전 700년경)에서 발견된 비문. 한 줄의 길이가 약 72cm이다.
(출처: *Atlas van de Bijble*, p. 230, n. 232.)

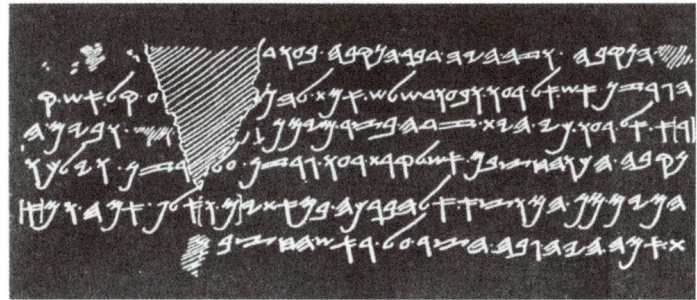

르는 서로의 목소리가 들렸다. 서로 다른 굴 안에서, 곧 남쪽에서 북쪽으로, 또 북쪽에서 남쪽으로 뚫어 가던 굴 안에서 서로가 상대방 목소리의 공명을 느꼈던 것이다. 굴이 뚫리던 날, 갱부들은 이쪽과 저쪽에서 서로 바위를 향해 곡괭이를 내리쳤다. 그러자 물이 샘(기혼 샘)으로부터 저수지(실로아 못)까지 1200큐빗(약 540미터)을 흘렀다. 갱부들의 머리 위에 있는 바위의 높이는 100큐빗(약 45미터)이었다."

이 비문에 굴을 뚫은 작업이 매우 잘 기록되어 있기 때문에, 이 역사적 사실에 대해서는 상대적으로 확신을 가지고 이야기할 수 있겠다. 이 경우 고고학의 발견과 비문의 내용 그리고 성경의 본문이 거의 정확하게 일치하고 있다. 그러나 앞으로 곧 보게 되겠지만, 불행하게도 이렇게 모든 것이 정확하게 일치하는 경우는 상당히 보기 드문 일에 속한다.

▶ 아시리아 군대가 성읍을 파괴하는 모습. 니네베에 있는 아슈르바니팔(기원전 668-626)의 궁전에서 발견된 부조이다(크기: 94cm×63cm).
군인들이 성읍의 바깥 성벽을 조직적으로 파괴하는 가운데, 성읍 안쪽의 성채들은 불길에 휩싸여 있다. 전리품을 어깨에 지고 성읍에서 나오는 군인들 뒤에, 주민 두 명을 앞세운 군인 한 명이 보인다. 포로로 보이는 그 주민 두 명은 필경 그 군인의 종이 되었을 것이다. 그 둘 중 왼쪽 포로의 두 손이 묶여 있는 것도 보인다. 아래 부분에는 군인들과 군대의 물품 공급자로 보이는 사람들이 한 보초병의 경계 아래 먹고 마시며 승리를 경축하고 있다.
(출처: Atlas van de Bijble, p. 83, n. 230.)

3) 기원전 701년 아시리아의 유다 전쟁

기원전 701년에 있었던 산헤립의 유다 전쟁에 잠시 머물러 보자. 당시에 무슨 일이 있었는지를 정확하게 알아보기 위해서가 아니라, 이 사건이, 성경 본문을 해석하여 사건들의 정확한 연대기를 구성해 보려는 이들에게, 성경 자체가 지닌 고유한 어려움을 잘 보여 줄 수 있는 기회가 되기 때문이다. 더불어 이 사건은 독자들이 같은 사건을 두고 서로 다르게 기술하고 있는 성경의 여러 본문을 비교하게 될 때, 성경이 택하고 있는 그 나름의 전략을 더 잘 이해할 수 있도록 도와줄 것이다.

성경만이 아니라 아시리아의 많은 문서가 이 산헤립의 유다 전쟁에 대한 정보를 전해 준다. 성경에서는 두 권이 이 전쟁에 대해 이야기하고 있는데, 하나는 1열왕 18,13-20,19과 이와 동일한 이야기를 하는 여러 본문이고, 다른 하나는 이사 36-39장이다. 2역대 32,1-21 또한 이 사건을 매우 짧게 줄여 전해 주고 있다. 더불어, 위의 본문들에 이사야 예언자의 몇몇 신탁, 특히 이사 1,4-9과 22,1-14의 신탁을 추가할 필요가 있겠다. 마지막으로 이 사건을 전해 주는 문서로, 이른바 '산헤립 프리즘'(Prisma di Sennacherib)이라 불리는 아시리아의 산헤립 연대기도 함께 참고해 보도록 하겠다.

(1) 열왕기 하권 18-20장

2열왕 18,13-20,19은 히즈키야의 통치 제14년에 산헤립이 유다 땅을 공격하며 일으킨 전쟁을 우리에게 자세하게 전해 주고 있다(2열왕 18,13). 성경의 이 연대는 기원전 702/701년과 일치한다. 그리고 19장과 20장의 내용을 포함하여 성경의 이 본문은 명백하게 네 부분으로 나누어 볼 수 있겠다. 그러나 이러한 구분이 사건의 연대기적 순서와 정확하게 일치하지는 않는다.

다소 짧게 서술된 첫 번째 부분(2열왕 18,13-16)에 의하면, 유다의 많은 성읍이 아시리아에 의해 함락된 이후, 히즈키야가 먼저 라키스에 머무르고 있던 산헤립에게 화해의 메시지를 보내, 아시리아 임금에게 지은 '잘못'에 용서를 청했다고 전한다(2열왕 18,14). 이는 반란을 일으킨 자신의 잘못을 분명하게 인정했다는 것과 함께, 이러한 행동 뒤에, 산헤립이 본국으로 돌아가기를 바라고 있음을 보여 준다.

첫 번째 부분에 비해 훨씬 긴 두 번째 부분(2열왕 18,17-19,37)은 서로 다른 두 가지 본문이 섞여 작성된 것으로 보인다. 히즈키야에게 보내는 산헤립의 메시지(2열왕 18,17-36; 19,9ㄴ-13), 산헤립의 메시지를 받은 히즈키야의 반응(18,37-19,1; 19,14-19), 히즈키야의 반응에 대한 이사야 예언자의 개입(19,5-7; 19,20-34), 그리고 이야기의 결론(19,8-9; 19,35-37) 등이 모두 두 가지로 되어 있기 때문이다.

그런데 두 번째 부분에서는, 첫 번째 부분과 달리 산헤립이 먼저 행동을 취하는 것으로 나타난다. 그는 예루살렘에 두 차례 사신을 보내, 유다 백성에게 히즈키야의 말을 듣지 말고 너무 늦기 전에 아시리아 임금에게 항복하라고 권고한다(2열왕 18,17-35; 19,9ㄴ-13; 히즈키야가 먼저 사신을 보냈다고 전하는 2열왕 18,14과 비교).

첫 번째로 파견된 아시리아 임금의 사신들은 큰 소리로 예루살렘의 모든 유다 백성에게, 특히 유다 왕국의 사신들(힐키야의 아들 엘야킴 궁내 대신과 세브나 서기관과 아삽의 아들 요아 역사 기록관)에게 메시지를 전한다(18,17-19). 두 번째로 파견된 아시리아의 사신들은 유다 임금 히즈키야에게 편지 한 통을 건넨다(19,14). 그러나 두 번에 걸쳐 묘사된 아시리아 사신들의 메시지는 거의 동일한 내용을 담고 있다. 아시리아 임금이 유다 임금에게 항복을 권유하며, 그가 제시한 조건들을 받아들이지 않을 경우 예루살렘을 공격하겠다는 위협이 바로 그것이다.

성경은 두 번에 걸친 유다 임금 히즈키야의 반응을 매우 비슷한 모습으로 묘사하고 있다. 두 번 다 그가 성전으로 향했다고 말하기 때문이다(19,1.14). 두 번째 경우에는 특별히 히즈키야가 하느님의 도움을 청하기 위해 기도했다고 전한다(19,15-19). 어쨌든 히즈키야 임금의 반응 이후에 또다시 두 번에 걸쳐 이사야 예언자의 개입이 뒤따르고 있다. 2열왕 19,2-4에서는 유다 임금이 예언자의 도움과 그의 기도를 분명하게 청하는데 반해, 2열왕 19,20에서는 예언자 이사야가 유다 임금에게 사람을 보내 아시리아 임금에 대한 하느님의 신탁을 전한다(19,21-34).

이 이야기의 첫 번째 결론(19,8-9)은 산헤립이 예루살렘을 공격하려던 계획을 포기할 수밖에 없었다는 것을 암시한다. 그를 공격하기 위해 남쪽에서 올라오고 있던 이집트 군대를 상대해야 했기 때문이었다(19,9). 이때 성경 본문은 에티오피아(또는 '구스', '누비아': 역주) 사람 티르하카(Tirhaqa)를 언급한다. 그는 기원전 685년에서 664년까지 이집트를 다스린 자로 알려졌지만, 아마도 기원전 690년부터 왕국의 통치에 직접 참여했던 것으로 보인다. 본문의 바로 이 부분이 이해하기 어려운 문제를 일으키는데, 이에 대해서는 좀 더 나중에 이야기하겠다. 어쨌든, 성경 본문에는 산헤립과 티르하카의 대립이 어떻게 끝났는지에 대해 아무런 말이 없다. 산헤립이 티르하카가 이끌던 이집트 군대를 격퇴하고, 바로 유다 임금 히즈키야에게 두 번째 사신을 보냈을 것이라 가정해 볼 수도 있다(19,9ㄴ). 이렇게 성경 본문을 이해하는 것이 훨씬 더 논리적으로 보이기도 한다. 그러나 바로 이것이 위 사건에 대해 전해 주는 성경의 정보들을 해석해 낼 수 있는 유일한 방법이라고 단언하기에는 여전히 확실한 자료들이 부족하다고 말할 수밖에 없다.

두 번째 결론(19,35-37)은 거룩한 도성 예루살렘의 기적적인 해방에 대해 묘사한다. 하느님의 천사가 아시리아 군인 십팔만 오천 명을 내리쳤다고 말하고 있기 때문이다. 더불어 성경 본문은 아시리아 군대가 진영을 거두고 자기네 땅으로 돌아갔으며, 산헤립은 이사야 예언자가 예언한 그대로(19,7), 그의 신 니스록의 신전에서 기도하고 있을 때 두 아들에게 살해되었다고 전한다.

2열왕 18-20장의 세 번째 부분은 히즈키야가 병에 걸린 일과 이사야 예언자의 개입으로 그 병이 치유된 사건에 대해 이야기한다(2열왕 20,1-11). 이 본문에서 이사야 예언자는 유다 임금 히즈키야에게 하느님이 그와 그의 도성 예루살렘을 아시리아인들의 손아귀로부터 구해 낼 것이라고 예언한다(20,6ㄴ). 또한 이사야는 이 신탁에서 임금의 수명이 열다섯 해 연장될 것이라 말한다(20,6ㄱ). 히즈키야가 기원전 687년에 생을 마감하므로, 이는 그의 발병이 기원전 702/701년, 즉 산헤립이 유다를 거슬러 전쟁을 일으킨 바로 그 해에 있었다는 것이 된다. 바로 그 해에 이사야 예언자는 히즈키야의 병과 아시리아의 침략이라고 하는 두 가지 재난의 최후에 대해 예언했을 것이다.

이야기의 네 번째 부분은 므로닥 발아단이 히즈키야에게 보낸 외교사절단에 대한 묘사와 그에 대한 이사야 예언자의 부정적인 반응을 담고 있다(2열왕 20,12-19). 아마도 이것이 유다 왕국이 어떻게 당시 국제 정치 상황 속으로 휘말려 들어가게 되었는지를 설명해주는 가장 본질적인 부분일 것이다. 이 짧은 이야기에서 이사야 예언자의 모습이 다시 한 번 강조된다. 예언자는 유다 임금 히즈키야에게 임금이 므로닥 발아단의 사절단에게 보여 준 예루살렘의 모든 보물이 언젠가 바빌론 사람들에 의해 그들의 나라로 옮겨질 것이라고 말한다. 열왕기의 마지막 부분은 이러한 이사야의 예언이 그대로 이루어질 것임을, 그리고 히즈키야의 행동이 잘못된 것임을 보여 줄 것이다. 게다가 이 본문은 예언자의 선견지명과 위의 재앙이 자기가 죽은 뒤에야 예루살렘에 내리게 될 것이라며 자위하는 임금의 이기주의를 극명하게 대조시켜 보여 줄 것이다(2열왕 20,19).

(2) 이사야서 36-39장

열왕기 하권의 본문이 지닌 세부적인 문제점에 대해 이야기하기에 앞서, 그와 같은 사건을 다루고 있는 성경의 유사한 다른 부분, 즉 이사 36-39장에 대해 언급할 필요가 있겠다. 이 두 본문 사이에 사소한 차이점이 여럿 발견되지만, 그것들이 중요한 문제점을 야기하는 것 같지는 않아 보인다. 그럼에도 불구하고 가장 눈에 띄는 차이점을 들어 본다면, 그것은 이사야서가 전하는 이야기의 시작 부분에서 발견될 수 있을 것이다. 왜냐하면, 위 사건에 대한 이사야서의 시작 부분에서 2열왕 18,14-16과 유사한 내용이 전혀 발견되지 않기 때문이다. 다시 말해 이사야서는 히즈키야 임금이 산헤립에게 항복하고, 도성 예루살렘으로부터 떠나가길 바라며 바친 조공에 대해서 언급조차 하질 않는다. 이렇게 하여 이사 36-37장의 이야기는 열왕기 하권이 지닌 문제점을 간단하게 제거한다. 이사 36-37장이 지닌 문제점이란 아시리아로부터 도성 예루살렘이 어떻게 해방되었는지를 다루고 있는 서로 다른 두 가지 이야기 - 첫 번째 이야기는 산헤립에게 스스로 조공을 바친 히즈키야의 '인간적 노력'에 의해 도성이 해방될 수 있었다고 말하는 반면, 두 번째 이야기는 예루살렘이 하느님의 천사의 '기적적인 개입'으로 해방되었다고 전한다 - 가 아무런 보충 설명 없이 나란히 놓여 있는 것을 말한다. 다시 말해 이사야 예언서는 유다 임금이 아시리아 임금에게 바친 조공에 대해 전혀 이야기하지 않은 채, 하느님이 도성 예루살렘을 구원하신다고 말하고 있을 뿐이다. 그러므로 이사야서의 이야기가 열왕기 하권에 비해 훨씬 '초자연적'이라고 말할 수 있으며, 따라서 예언자 이사야의 모습도 훨씬 더 많이 강조되어 있다고 말할 수 있다.

그에 비해 유다 임금 히즈키야는 전적으로 예언자에게 의존하여 행동한다고 묘사되어 있다.

열왕기 하권과 이사야서의 또 다른 중요한 차이점은 병에서 치유된 유다 임금 히즈키야의 찬미가 이사야서에만(이사 38,9-20) 삽입되어 있다는 것이다.

(3) 기원전 701년 산헤립의 원정을 다룬 아시리아 연대기들의 본문

이 연대기들은 언뜻 보기에 제국의 서쪽 지역에 평화를 가져오기 위해 산헤립이 치렀던 전쟁들을 세심하고 정확하게 기록하고 있는 것처럼 보인다. 그러나 엄밀하게 말해서 이 연대기들은 그런 것과는 거리가 상당히 멀다고 말할 수 있다. 연대기의 기록자가 연대기적 순서보다는 논리적 순서를 훨씬 더 따르고 있기 때문이다. 이에 따라 이 연대기들은 하나의 주제를 다 다루고 난 뒤에야 다른 주제를 다루기 시작한다. 그 가운데 가장 주요한 세 가지 주제는 다음과 같다.

첫째, 시돈(페니키아)과 싸운 전쟁과 그 결과 – 다른 성읍들의 정복, 자발적으로 항복한 임금들의 조공, 그리고 끝까지 저항하려 한 아스클론 임금의 패배.

둘째, 아스클론 임금에게 의존하던 해안가(야포 지역)의 필리스티아 성읍들과 치른 전쟁. 필리스티아인들의 성읍 에크론이 이집트와 함께 벌인 음모. 야포 남쪽으로 약 20km 그리고 소렉 골짜기 위쪽에 자리 잡은 성읍 엘트케(Elteqe)에서 이집트 군대와 싸워 승리한 일.

셋째, 유다 땅을 향해 가며 치룬 전쟁 ― 필리스티아인들의 성읍 에크론의 함락, 유다 왕국의 요새화된 성읍 46개 정복, 이십만 백오십 명을 유배 보낸 일과, 노획한 막대한 전리품(무엇보다 가축), 산헤립의 봉신으로 있는 임금들(아스돗 임금, 에크론의 새 임금, 가자 임금)에 대한 유다 왕국의 조공, '히즈키야를 새장 안의 새처럼 가둬 버린' 예루살렘의 포위, 히즈키야가 사절과 호위병을 각각 한 명씩 산헤립에게 보내 충성할 것을 전하며 니네베로 보낸 조공.

그런데 이 연대기의 결론은 우리를 다시 한 번 깜짝 놀라게 한다. 히즈키야가 조공을 바치기 위해 니네베까지 사절을 보냈다는 이유로 산헤립이 예루살렘의 점령을 포기하였기 때문이다. '산헤립 프리즘'의 본문은 실제로, 다른 성읍들에게 한 것과 다르게, 도성 예루살렘의 점령에 대한 이야기를 전혀 언급하지 않는다. 바로 이 점에서 아시리아의 연대기와 성경 본문이 완벽하게 일치한다고 말할 수 있다. 위의 두 문서가 산헤립이 히즈키야가 보낸 막대한 양의 조공에 만족했으며, 그로 인해 예루살렘이 아시리아 군대에게 점령되지 않았다고 전하고 있기 때문이다.

▲ 산헤립의 프리즘(기원전 701년경)
(출처: *Atlas van de Bijble*, p. 89, n. 248.)

그러나 산헤립이 왜 이런 결정을 내렸는지, 그 원인에 대해서는 여전히 의문이 남는다. 역사가들은 이 원인에 대해 다만 몇 가지 추측만을 제시하고 있을 뿐이다. 아마도 산헤립이 예루살렘을 점령하는 일이 상당히 어려운 일임을 알아챘는지도 모르겠다. 도성 사마리아의 포위공격이 상당히 오랜 기간 동안 지속되었고(2열왕 18,10에 의하면 3년 동안 지속된다), 때문에 그동안 예루살렘이 오랜 포위공격에 대처할 준비를 철저하게 하였을 것이기 때문이다(예루살렘은 바빌론 군대에 대항하여 6개월 동안 저항한다: 2열왕 25,1-8을 보라). 그렇지 않다면, 산헤립이 진정한 위험 요소는 유다에 있지 않고, 반역의 칼을 손에 쥐고 있는 므로닥 발아단의 바빌론에 있다고 여겼는지도 모른다. 혹은 매우 단순하게 이미 상당히 오랫동안 지속되었던 자신의 정복 사업을 가능한 한 빨리 끝내고 싶어 했을 수도 있다. 어쨌든, 왕국을 거대한 제국의 파괴로부터 구해 내기에 너무도 무능했던 유다 임금 히즈키야는 성읍 라키스가 힘없이 무너지고, 아시리아인들이 곧바로 예루살렘 도성을 공격하기 위해 쳐들어오는 것을 보고는 아마도 지체 없이 조금이라도 덜 해로운 - 좀 더 작은 악惡 - 해결책을 선택하고자 했을 것이다. 따라서 히즈키야는 즉시 아시리아에 항복을 선언하고, 막대한 양의 조공이라는 그들의 조건을 받아들인다. 산헤립도 이에 즉시 만족감을 표시하는데, 이는 분명 그가 원하는 것을 더 이상의 특별한 희생과 노력 없이 얻었다고 생각했기 때문이었을 것이다.

(4) 같은 사건에 대한 서로 다른 문헌 사이의 모순

매우 중요한 문제점 몇 가지를 열거해 보면 다음과 같다.

① 비록 성경이 히즈키야의 통치 제14년에 단 한 번 있었던 산헤립의 유다 전쟁에 대해 이야기하고 있지만, 적어도 연대기적 순서에 따른 현대의 역사 기술에 익숙한 오늘날의 독자들에게는 성경의 이 본문이 두 번의 전쟁에 대해 이야기하고 있는 것처럼 보이는 것이 사실이다. 만일 2열왕 18,14-16에서 히즈키야가 아시리아 임금에게 복종을 약속하고 조공을 바쳤다면, 왜 그 구절 직후에(2열왕 18,17) 산헤립이 또다시 유다 임금에게 항복을 요구하며 사신을 보내는 것일까? 어떻게 2열왕 18,13-16의 내용을 2열왕 18,17-19,37의 내용과 조화시킬 수 있을까? 한눈에 보기에도 이는 참으로 어려운 일로 여겨진다. 이 점에서, 이사야서 36-37장의 본문이 훨씬 더 매끄럽다고 말할 수 있겠다. 그렇다면, 열왕기 하권의 이야기에서 히즈키야가 아시리아에 조공을 바친 이후에 다시 반역을 일으켰다고 추측할 수밖에 없는가? 이것이 위의 문제에 대한 하나의 답변이 될 수는 있겠지만, 유일한 해결책이라고 말할 수는 없다.

② 열왕기 하권 19,8-9에 등장하는 티르하카의 개입은 연대기적으로 문제를 일으킨다. 이 에티오피아 사람은 기원전 685년부터 기원전 664년까지 이집트를 다스렸다. 아마도 기원전 690년부터 그의 아버지 샤바카(Shabaka)의 통치에 함께 참여하고 있었을 것이다. 그러나 그의 통치 시기를 기원전 690년까지 끌어올린다 하더라도, 여전히 기원전 701년에는 미치지 못한다. 이 문제점에 대해 두 가지의 해결책이 제시될 수 있다. 하나는 성경 저자들이 샤바카와 그의 아들 티르하카를 혼동했다는 것이다. 다른 하나는 아시리아를 상대하는 이집트 군대를 임금이었던 샤바카가 아니라 왕자였던 티르하카가 이끌었다는 것이다. 그런데 산헤립은 이집트 군대의 사령관이 누구였는지를 밝히지 않은 채 다만 그가 이집트 군대와 전쟁을 벌였다는 것만을 말하고 있을 뿐이다. 따라서 이러한 산헤립의 증언을 바탕으로 우리는 이집트의 파라오가 – 그가 임금이든 또는 왕자이든 – 아마도 이 전쟁에 직접 참여하지 않았을 것이라고 추측해 볼 수도 있다.

게다가 산헤립의 연대기에 의하면, 위의 두 군대 간의 충돌은 산헤립의 유다 전쟁 '중'이 아니라(2열왕 19,8-9은 마치 이 둘의 전쟁이 산헤립의 유다 전쟁 '중'에 일어난 것처럼 기술한다) 그 전쟁 '이전'에 있었으며, 전쟁이 벌어진 장소도 2열왕 19,8이 이야기하는 리브나(라키스에서 북쪽으로 몇 킬로미터 떨어져 있다)가 아니라 그곳에서 상당히 멀리 떨어진 엘트케(야포 남쪽에 위치)라고 전한다. 따라서 성경과 산헤립의 문서가 에티오피아 출신으로 이집트를 다스렸던 파라오의 개입에 관해 일치한다 하더라도, 여전히 상당한 부분에서 차이를 보인다고 말할 수 있다.

③ 무엇보다도 가장 큰 문제점은 2열왕 19,35-37에서 발견된다. 첫째로, 아시리아 군대의 패배를 초래한 것이 과연 무엇인지에 대해 자문할 필요가 있다. 2열왕 19,35-36이 산헤립이 군대를 철수시킬 수밖에 없게 만든 초자연적인 개입에 대해 말하고 있기 때문이다. 성경의 이 본문은 예루살렘의 해방이 의심할 여지없이 하느님의 도우심으로 이루어졌다고 말하고 있다. 이를 다소 현대적인 표현으로 바꿔 보면, 바로 그곳에 도성을 해방시켜 준 천운天運의 사건이 있었다고 말할 수 있겠다. 그러나 다른 한편으로는 여전히 성경의 이 본문이 이야기하는 것을 그대로 받아들이기가 상당히 어려운 것도 사실이다. 성경은 여기에서 거의 이십만 명에 가까운 - 정확히 185,000명 - 아시리아 군인들의 죽음에 대해 이야기한다. 이는 그 당시로서는 거의 상상도 할 수 없을 만큼의 숫자였다 (1815년 나폴레옹이 이끌던 프랑스군과 연합군이 벌인 워털루 전투에 참전한 군인의 수는 모두 약 삼십 만 명이었고, 그중 약 48,000명이 사망하였다). 만일 실제로 산헤립이 단 하룻밤 사이에 그만

한 숫자의 군대를 잃었다면, 어떻게 아시리아의 수도 니네베로 되돌아갈 수 있었으며, 그 후 어떻게 20년간이나 더 통치할 수 있었는지가 설명되지 않는다. 그만한 숫자의 군대를 잃었다면 그 소식은 곧바로 아시리아 전역의 속국들을 부추겨 그들의 독립을 쟁취하기 위한 새로운 반역을 일으켰을 것이기 때문이다. 그런데 그런 일들은 결코 일어나지 않았다. 게다가, '누가 아시리아의 진영에 그들 주검의 수를 세러 갔는가?'라고도 물을 수 있을 것이다.

그렇다면, 2열왕 19,35이 전하는 하느님 천사의 개입을 어떻게 설명할 수 있을까? 2열왕 18,17-19,37(이사 36-37장)에 나오는 모든 이야기는 아시리아의 침략을 특별한 음조로 묘사하고 있다. 다시 말해, 그 모든 사건을 종교적 시각에서 읽어 내고 있다는 것이다. 이는 사건들의 간략하고 단순한 정보를 전달해 주는 연대기와 전혀 다른 '또 다른 차원의 해석'을 제시해 주는 당시의 문학적 방법 중 하나였다. 2열왕 18,9-12의 짧은 보고서가 그 좋은 예가 될 수 있다. 어쨌든 성경의 이 이야기에서 확실한 사실로 증명될 수 있는 것은 오직 산헤립이 예루살렘을 함락시키지 않았다는 것뿐이다. 2열왕 19,35-36은 일어난 일들을 정확하고 정밀한 방식으로 보고하기 위해 쓰인 것이 아니다. 오히려 이 본문은 그러한 사건들을 단순한 역사보다 훨씬 더 크고 넓은 전망 안에서 바라보도록 초대한다. 열왕기 상·하권에서 이 전망은 바로 예언자들을 통해 - 이 경우에는 이사야 예언자가 되겠다 - 드러나는 하느님의 계획이다. 예언자에게 하느님의 뜻은 예루살렘이 함락되지 않는 것이었다. 그리고 그 뜻대로 사건들은 이루어진다. 바로 이것이 이 이야기의 본래 목적이며, 따라서 성경의 이 이야기는 이러한 목적과 의도에 따라 읽혀져야 한다는 것이다.

그리스의 역사가인 헤로도토스(기원전 484-425)는 2열왕 19,35과 관련하여 꽤나 흥미로운 이야기 하나를 전해 준다. 이집트를 상대로 한 아시리아 임금 아수르바니팔의 전투(기원전 663년경)에 관한 글에서 헤로도토스는 아시리아 군대가 쥐의 공격을 받았다고 전한다. 쥐들이 가죽 장비를 먹어 치우는 바람에 아시리아 군대가 철수해야만 했다는 것이다. 더욱이 헤로도토스는 한 문장에서(Erodote II.141) - 명백한 실수로 보이기는 하지만 - 이 아시리아 임금을 아수르바니팔이 아닌 산헤립이라고 부른다. 모두가 알고 있듯, 쥐는 전염병을 옮기는 전염체의 역할을 하기도 한다. 전염병은 당시 전쟁으로 인해 매우 열악한 위생 상황에 놓여 있었을 군대에 엄청난 타격을 줄 수 있었을 것이다. 2열왕 19,35의 저자가 본문을 작성할 때 이와 비슷한 이야기로부터 영감을 받았는지도 모를 일이다.

둘째로, 산헤립의 죽음에 대해서도 물음을 던져 볼 수 있다. 2열왕 19,37은 산헤립이 조국으로 돌아간 직후에 살해되어 죽은 것처럼 이야기한다. 그러나 실제로 산헤립은 유다 전쟁 후 20년이 지난 기원전 681년에 생을 마감한다. 더불어 바빌론 연대기에는 산헤립의 아들이 단 한 명으로 언급되는 데 반해 2열왕 19,37(이사 37,38)에서는 산헤립의 아들이 두 명으로 제시된다. 그런데 산헤립의 후계자인 에사르 하똔은 자신을 상대로 왕위를 쟁탈하기 위한 음모가 있었고, 또 그 음모에 그의 형제들(복수로 되어 있다)이 관여한 사실에 대해 언급하고 있다. 따라서 이에 대한 성경의 정보 역시 역사적 근거에 바탕을 두고 있다고 말할 수 있을 것이다.

어쨌든, 2열왕 19,37(이사 37,38)은 확실하게 산헤립의 이 참혹한 죽음에서 감히 하느님의 거룩한 도성을 공격하려 했던 자에 대한 신의 징벌을 보고 있다. 이 징벌 또한 예언자 이사야가 예언했던 것이기도 했다(2열왕 19,7; 이사 37,7). 아시리아의 침략과 산헤립의 참혹한 죽음 사이에 존재하는 '원인과 결과'라는 관계성을 보여 주기 위해, 성경은 이 두 사건 사이에 있는 20년이란 시간을 '건너뛴' 것이다. 마지막으로 산헤립의 운명이 불충한 임금 아합의 운명과 비슷하다는 것도 지적할 수 있다. 아합의 경우에도, 산헤립과 비슷한 참혹한 죽음이 엘리야 예언자에 의해 예언된 바 있었다(1열왕 22,38; 참조 21,21). 따라서 이 경우에도, 이야기의 의도가 분명 예언자의 모습을 부각시키는 데 있다고 말할 수 있다. 바로 이러한 의도와 목적에 따라 이 이야기는 계획되고 구성되었을 것이다.

④ 이번에는 좀 덜 복잡한 것, 곧 히즈키야가 바친 조공에 대해 살펴보자. 성경 본문은 히즈키야가 은 삼백 탈렌트와 금 서른 탈렌트를 산헤립에게 바쳤다고 전한다(2열왕 18,14). 그러나 산헤립의 연대기에서는 조금 다른 사실을 찾아볼 수 있다. 거기에는 히즈키야가 바친 조공에 금 서른 탈렌트는 없고, 은 팔백 탈렌트(성경보다 500 탈렌트가 더 많다)만 적혀 있을 뿐이다. 또 그 연대기에 의하면, 히즈키야는 그 밖에도 안티몬(Antimonio, 고대에 눈 화장에 주로 쓰인 귀한 준금속: 역주), 홍옥수, 상아로 만든 침대와 의자들, 코끼리 가죽, 상아, 흑탄, 회양목, 숱한 보물과 많은 물건, 그리고 자신의 딸들, 궁전의 여인들과 악사들까지 바친 것으로 보인다. 물론 성경 본문이 히즈키야가 바친 조공의 양을 최소화하려 하고, 반대로 산헤립의 연대기는 크게 부풀려 말하려 한다는 것도 염두에 두어야만 하겠다. 그럼에도 조공의 총액이 실제로 놀라운 양이었다는 것과 유다 왕국이 그 순간에 이를 지불할 수 있을 정도로 상당히 부유했다는 것만은 사실이라고 말할 수 있다(2열왕 20,13 참조). 전쟁에서 승리를 거두는 것보다 이러한 유다 왕국의 부유함이 산헤립의 관심을 더 끌었는지도 모를 일이다.

(5) 이사야 예언자 편에서의 사건 해석

2열왕 18,17-19,37과 이사 36-37장은 사건에 대한 다소 긍정적인 해석을 제공하는 동시에 산헤립이 결국 예루살렘을 정복하는 데 성공하지 못했다는 점을 강조한다. 반면에, 이사야서의 신탁은 같은 사건에 대해 예언자가 전혀 다른 방식으로 반응한다는 것을 보여 준다. 이사야 예언자에게 아시리아의 침략은 여전히 끔찍한 사건이었지만, 백성이 이러한 재앙 뒤에 숨겨져 있는 하느님의 교훈을 전혀 이해하지 못한다는 것이 그에게는 더욱 끔찍한 재앙으로 보였다. 성경은 여기에서도 역시 같은 사건에 대한 서로 다른 해석과 생각을 조화시키려 하지 않은 채, 그 둘을 그냥 나란히 열거해 놓고 있다. 바로 이 점을 더 강조하기 위해, 사건에 대한 긍정적인 해석이 같은 이사야서(36-37장)에서 발견되고 있다는 사실을 기억할 필요가 있다. 다시 말해, 동일한 사건에 대한 이사야 예언자의 서로 다른 두 가지 생각이 같은 이사야서 안에 동시에 존재한다는 것이다. 이사 36-37장(2열왕 18,17-19,37)과 전혀 다른 해석을 제시해 주는 두 가지 본문을 여기에 인용해 보겠다.

첫 번째 본문은 이사 1,4-9의 신탁인데, 성경 주석가의 대부분은 이 본문이 아시리아의 침략 직후에 쓰였다고 여긴다.

⁴ "아아, 탈선한 민족

　죄로 가득 찬 백성

　사악한 종자 타락한 자식들!

　그들은 주님을 버리고

　이스라엘의 거룩하신 분을 업신여겨

　등을 돌리고 말았다.

⁵ 너희는 얼마나 더 맞으려고

　자꾸만 반항하느냐?

　머리는 온통 상처투성이고

　마음은 온통 골병들었으며

⁶ 발바닥에서 머리까지

　성한 데라곤 없이

　상처와 상흔 새로 맞은 자국뿐인데

　짜내지도 싸매지도 못하고 기름을 바르지도 못하였구나.

⁷ 너희의 땅은 황폐하고

　너희의 성읍들은 불에 탔으며

　너희의 밭은 너희 앞에서 이방인들이 먹어 치우는구나.

　이방인들이 파괴한 것처럼 황폐해졌구나.

⁸ 딸 시온이 남아 있는 모습은

　포도밭의 초막 같고

　참외 밭의 원두막 같으며

포위된 성읍 같구나.
⁹ 만군의 주님께서
우리에게 생존자들을 조금이나마 남겨 주지 않으셨더라면
우리는 소돔처럼 되고
고모라같이 되고 말았으리라."

이 본문에는 별도의 장황한 해설이 필요치 않아 보인다. 왜냐하면, 시적 이미지를 이용하여 이사야 예언자가 묘사하고 있는 상황이 당시 유다가 처해 있던 상황과 정확하게 일치하기 때문이다. 유다의 모든 땅이 침략을 받아 파괴되었고, 오로지 예루살렘만이 하느님의 은총에 힘입어 이 재앙으로부터 보호되었다. 그러나 여기에서 이사야 예언자는 유다의 모든 지역에 내린 이 재앙을 하느님의 징벌로 이해하고 있다. 따라서 위 본문의 어조가 상대적으로 승리감에 취해 있는 듯한 2열왕 18,17-19,37(이사 36-37장)의 어조와는 사뭇 다르다는 것을 쉽게 발견해 낼 수 있다.

두 번째로 인용할 수 있는 본문은 이사 22,1-14이다. 성경 주석가의 대부분은 이 본문 역시 유다 왕국이 아시리아의 침략을 받던 시대에 쓰인 것으로 추정한다.

¹ "'환시의 계곡'에 대한 신탁.

도대체 너희가 어떻게 되었기에

모두 지붕으로 올라갔느냐?

² 소음으로 가득 차

법석대는 도성아 희희낙락하는 도시야!

너희 가운데 죽은 자들은 칼에 찔려 죽은 자들도 아니고

전투하다 죽은 자들도 아니다.

³ 너희 지휘관들은 모두 함께 도망치다

활을 쏘아 보지도 못한 채 붙잡히고

너희 가운데에 있던 자들도 멀리 달아났지만

모두 함께 붙잡혔다.

⁴ 그래서 내가 말하였다. 내게서 눈을 돌려 다오.

나 슬피 울지 않을 수가 없구나.

내 딸 백성이 멸망한 것을 두고

나를 위로하려고 애쓰지 마라.

⁵ 주 만군의 주님께서 내리신

혼란과 유린과 혼돈의 날이다.

'환시의 계곡'에서는 벽이 무너져 내리고

도와 달라 외치는 소리가 산으로 치솟았다.

⁶ 엘람은 화살 통을 메고

병거대와 기마대와 함께 오며

키르는 방패를 꺼내 들었다.

⁷ 너희들의 가장 좋은 골짜기마다 병거들로 가득하고

기병들은 성문을 마주하여 정렬하니

⁸ 유다의 방어진이 무너졌다.

그날에 너희는 '수풀 궁'에 있는

무기들을 찾아내고

⁹ 다윗 성에

균열이 많음을 살펴 알았으며

아랫저수지에 물을 모아들였다.

¹⁰ 그리고 너희는 예루살렘의 가옥 수를 파악하고

성벽에 접근하지 못하도록 가옥들을 허물었으며

¹¹ 옛 저수지의 물을 받아 놓으려고 두 성벽 사이에 저장소를 만들었다.

그러나 너희는 이 모든 것을 이루신 분을 찾아보지 않았고

이 모든 것을 멀리서 꾸미신 분을 살펴보지 않았다.

¹² 그날에 주 만군의 주님께서

너희에게 통곡하고 애곡하라고,

머리털을 깎고 자루옷을 두르라고 이르셨다.

¹³ 그러나 보아라, 기뻐하고 즐거워하며

소를 잡고 양을 죽여

고기를 먹고 술을 마시면서

"내일이면 죽을 몸, 먹고 마시자." 하는구나.

¹⁴ 그래서 만군의 주님께서 내 귀에 일러 주셨다.

"이 죄는 너희가 죽기까지 결코 용서받지 못하리라."

주 만군의 주님께서 말씀하셨다."

위의 본문 역시 백성을 승리와 기쁨으로 초대하고 있지 않다는 것이 분명하다. 오히려 그 반대로, 본문의 어조가 어둡고 비통하게까지 느껴진다. 여기에서 말하는 '승리'는 오로지 '표면적인' 승리일 뿐이다. 예언자는 위 신탁의 거의 모든 부분에서 사건의 의미를 전혀 이해하지 못한 채 그것을 부분적인 시각으로만 바라보는 백성을 호되게 꾸짖는다. 아시리아가 유다를 침략하기 전에도 또 침략한 후에도 백성은 일어난 사건들의 진정한 의미를 전혀 깨닫지 못하고 있다. 이사야 예언자의 다른 신탁들에서도 아시리아의 침략은 유다 왕국의 잘못된 정치적 선택으로 인한 당연한 결과였고, 따라서 그 결과 역시 끔찍한 것일 수밖에 없음을 지적하고 있다. 그럼에도 백성은 도성 예루살렘이 함락되지 않았다며 기뻐하고 있다. 따라서 예언자는 이는 빈약한 위로일 뿐이요, 이러한 그들의 잘못이 비참한 결과 없이는 결코 끝나지 않을 것이라고 경고한다. 그러므로, 이 경우에도 위의 본문의 분위기가 2열왕 18,17-19,37의 분위기와는 상당히 거리가 멀다고 말할 수 있겠다.

4) 귀납적 성찰 몇 가지

만일 우리가 기원전 701년에 예루살렘이나 니네베에서 아시리아의 유다 침략 직후에 발행된 신문을 구입할 수 있다면, 아마도 거기에서 다음과 같은 제목들을 발견할 수 있지 않을까 싶다. '산헤립에게 조공을 강요받는 히즈키야', '히즈키야, 아시리아의 군주에게 무릎을 꿇다', '히즈키야의 카노사[20]', '아시리아에 대한 야훼(YHWH)의 승리', '전쟁 중인 아시리아', '예루살렘의 기적!', '유다의 폐허', '통곡과 비탄에 잠긴 야훼의 도시', '산헤립의 승리', '전쟁 영웅 산헤립', '왔노라, 보았노라, 이겼노라!', '치욕당하는 반역자들', '전쟁의 또 다른 얼굴', '바다를 향해 가는 행군의 고통', 등등…. 유다인, 예루살렘 주민들, 히즈키야를 지지하는 정당, 열왕기의 서로 다른 저자들, 이사야 예언자, 그리고 아시리아 민중의 생각과 왕국의 공식 발표까지, 서로 다른 지역과 정당, 그리고 거기에 소속된 사람들의 서로 다른 생각이 담겨 있는 위의 제목들이 당시 서로 다

---

[20] 지금은 사라진 이탈리아의 한 주의 이름으로 현재 에밀리아 로마냐 주에 위치해 있던 작은 성곽 도시였다. 1077년 신성로마제국의 황제 하인리히 4세가 자신을 파문한 교황 그레고리오 7세를 만나기 위해 이 카노사 성으로 가서 관용을 구한 것으로 유명하다. 오늘날에는 일반적으로 '굴복', '복종', 또는 '항복'을 의미하는 말로 쓰인다.

른 신문의 제목으로 모두 다 가능할 것이다.

여기에서 성경이 말하고자 하는 것을 찾고자 한다면, 그것은 서로 다른 다양한 신문들 속에서 함께 발견되어야만 할 것이다. 왜 그럴까? 이유는 간단하다. 성경은 '하나의' 신문이 아니라, 여러 신문이 함께 놓여 있는 신문 가판대와 같기 때문이다. 성경 안에는 분명하고, 명료하며, 일방적이고, 논란의 여지가 전혀 없는 단 하나의 의견이 아니라, 오히려 어떤 경우에는 서로를 보완하여 완성시키고 또 다른 경우에는 서로 정반대의 것을 이야기하는, 다양한 의견과 생각이 함께 존재한다. 이러한 방식을 통해 성경은 그의 독자들에게 모든 주관적인 관점을 뛰어넘어 통합적인 '진리'로 나아가라고 요구한다. 또한 그러기 위해서는 온갖 편파적인 생각을 끊임없이 수정하는 과정이 필요하며, 다양한 의견을 비교하고 대조하는 이 과정에서 그 어떤 의견과 생각도 '절대화'하지 말라고 요구한다. 이와 같은 노선에서, 성경은 '하느님의 목소리'라고 제목을 붙일 수 있는 단 하나의 신문이 절대로 될 수 없다. 오히려 이러한 '하느님의 목소리'는 성경 안에서 울리고 있는 모든 사람의 목소리를 - 이 목소리는 음악 연주회에서와 마찬가지로 때로는 조화로운 소리로 또 때로는 불협화음으로 이루어져 있다 - 통해서 들려진다. 왜냐하면, 최종적이고 또 조화로운 진리로 우리를 이끌어 주는 그 여정은 매우 오랜 시간이 필요할 뿐만 아니라, 때로는 조화롭지 못한 순간들조차 거쳐 지나가야 하기 때문이다. 비슷하지만 또 다른 방식으로 이를 설명하자면, 하느님은 결코 단 하나의 '채널'을 통해 말씀하시지 않는다고 할 수 있다. 하느님은 다양하고 수많은 '채널'을 통해 말씀하시며, 성경은 그 모든 채널을 다 보고 들을 수 있게 해 주는 리모콘을 우리에게 제공해 준다고 말할 수 있다.

물론, 성경이 담고 있는 많은 증언 중, 좀 더 정확하고 또 좀 더 심오하다는 이유로 단 하나의 증언을 더 선호하거나 그 증언에 특별한 가치를 더 둘 수는 있겠다. 예를 들어, 이사야 예언자가 사건에 대해 훨씬 더 합리적인 시각을 제시해 준다거나, 또는 신앙의 관점에서 그의 시각이 결국엔 다른 관점들보다 더 우월한 것이 되어야 한다고 말할 수는 있다. 그러나 이 경우에서도 두 가지를 인정해야만 할 것이다. 첫째, 같은 사건에 대해 전혀 다른 시각을 제시하는 본문이 성경에서 삭제되지 않았다는 것이다. 성경은 일방적이거나 독단적인 그런 전망을 결코 제시해 주지 않는다. 성경 자체가 '반대의 목소리' - 만일 이렇게 표현할 수 있다면 - 를 스스로 제거하지 않고 있다는 것이다. 둘째, 같은 이사야 예언자 역시 그의 신탁들 안에서, 특히 이사 36-37장의 이야기에서, 서로 다른 방식으로 말한다는 것이다. 따라서 같은 이사야 예언자의 증언들 안에서도 긴장과 모순이 존재하고 있다고 말할 수 있다. 이렇게 성경은 서로 다른 증언들을 나란히 배열하기도 하고 또 서로를 대비하여 보여 주기도 한다. 이렇듯, 같은 사건에 대해 다르게 생각하는 자의 목소리를 성경은 결코 침묵 속에 내버려 두지 않는다.

이러한 독특한 전략이 성경의 모든 곳에서 발견된다. 예를 들어, 바로 이러한 이유로 창조에 대한 두 가지 이야기(창세 1,1-2,3; 2,4-25)가 함께 존재하는 것이다. 그뿐만이 아니다. 복음서 역시 하나가 아니라, 네 개다. 세상의 창조라고 하는 사건의 '현실'을 단 하나의 시각으로 표현하기가 극히 어려운 것처럼, 예수 그리스도의 '현실' 역시 단 하나의 정신으로 - 그것이 비록 천재적인 것이라 할지라도 - 해석해 내는 것은 불가능한 일이다. 성경에서 이 '현실'은 우리가 사용할 수 있는 표현들보다, 그리고 성경의 저자들이 전해 주는 것보다 언제나 훨씬 더 크고 풍요로운 것이다. 본문의 긴장, 대립, 모순 속에서 발견되는 이러한 표현들의 다양성이야말로 바로 성경이 가진 가장 큰 특징 중의 하나라고 말할 수 있다. 따라서 성경의 독자들은 결코 단 하나의 생각에, 단 하나의 노선에 멈춰서는 안 된다. 오히려 독자들은 그 모든 생각과 견해를 극복하고 뛰어넘어 조금씩 조금씩 밝혀지는 '현실'과 '진리' 쪽으로 그의 시선을 이끌어 가야만 할 것이다.

이러한 노력이 힘겨운 것일 수도 있다. 그러나 이런 노력을 하지 않는다면, 우리는 다음과 같은 세상, 곧 '진리'가 단 하나이고 또 그것이 매우 간단하고 투명한 세상, 한 사건에 대한 해석이 승인된 한 권력에 의해 모든 의심과 반대를 제거한 채 일의적一義的이고 공식적이며 단 하나의 최종적인 방식으로 제공되는 그런 세상을 선호하며 찾고 있는지도 모를 일이다. 그런 세상은 실제로 존재하며, 이 짧은 책의 여정 중에 우리가 만나본 세상이기도 하다. 그것은 성경의 세상이 아니라, 바로 제국 아시리아의 세상이었다.

맺음말

역사와 이야기, 예술과 시

이 작은 책의 결론으로, 역사적 현실을 이해하고 또 이해한 그 것을 전달하는 데에 얼마나 다양하고 많은 방법이 존재하는 지를 잘 보여 주는 마지막 예 하나를 제시하고자 한다. 스페인 내전이 한창이던 1937년 4월 27일, 독일 나치군의 폭격으로 파괴된 바스크 지방[21]의 '거룩한 도시' 게르니카(Guernica)[22]를 그 예로 들어 볼 수 있겠다. 당시 프랑코 장군이 이끌던 스페

21_ 바스크는 피레네 산맥 서부에 있는 지방으로, 스페인과 프랑스의 국 경 사이에 걸쳐 있다.

22_ 게르니카는 바스크 지방에 있던 작은 도시로, 스페인 내전 당시 프랑 코 장군을 지원하기 위해 파견된 독일 나치군의 폭격에 의해 폐허가 되었다. 이 참사로 시민의 3분의 1이 사망했으며, 이에 분노한 피카소 가 대작 '게르니카'를 그리게 된다.

인의 파시스트 국민당과 동맹을 맺은 독일의 나치군은 그를 지원하기 위해 게르니카를 폭격한다. 이 폭격으로 도시 주민의 3분의 1에 달하는 약 이천 명이 희생되었다.

우리는 이 '역사적 사건'에 대해 이야기하고 있는 수많은 문헌을 조사해 볼 수 있을 것이다. 예를 들어, 스페인의 파시스트 국민당과 독일 공군의 수뇌부 사이의 의견이 동일하다는 것을 발견하는 게 가능할 것이다. 그리고 아마도 공군의 수뇌부로부터 조종사들에게 내려진 명령이 정확히 무엇이었는지를 추적해 낼 수 있는 흔적들을 발견해 낼 수도 있을 것이다. 바로 거기에서 그들의 군사적 행동을 정확하고 세심하게 묘사하는 하나의 그림을 얻어 낼 수도 있다. 폭격 직후에 당시의 언론사들이 그 사건에 관해 발표한 이야기들을 다시 한 번 읽어 보는 것도 상당히 흥미로운 일이 될 것이다. 당시의 스페인과 외국의 다양한 언론사들은 그 사건을 서로 다른 관점에서 바라보고 있었다. 마드리드에서, 빌바오에서, 베를린에서, 파리에서, 런던에서, 로마에서, 모스크바에서, 워싱턴에서 혹은 칠레의 산티아고에서 그에 관해 무엇이라고 말하고 있는가? 스페인의 파시스트 국민당과 그에 대항하던 공화당은 무엇을 말했는가? 그리고 바스크 지역의 신문들은 또 무엇을 이야기하고 있는가?

사건에 대한 또 다른 증언이 그 사건에서 살아남은 사람들이나, 또는 그 사건을 직접 목격한 자들에게서 나올 수도 있다. 게다가 이러한 증언들은 많이 배운 자의 것일 수도, 아니면 그저 평범한 사람의 것일 수도 있으며, 사건에 직접 연루된 자의 것일 수도, 또는 중립적인 입장에 있는 자의 것일 수도 있다. 아니면 그 참사로부터 구출되었다는 사실에 행복해하는 자의 것일 수도, 또는 참사로 사랑하는 사람을 잃어버리고 눈물을 흘리고 있는 자의 것일 수도 있다. 더불어, 이 사건에 대한 이야기들은 참사 직후에 쓰인 것일 수도 있고, 참사가 있고 나서 한참 뒤에 쓰인 것일 수도 있다. 이 경우에서도, 사건에 대한 의견들과, 무엇보다도 그 사건에 대해 이야기하는 방식들은 서로 간에 큰 차이를 보여 준다. 또 다른 방법으로 우리는 현대 역사와 스페인의 내전 또는 바스크 지역의 역사에 대해 오랫동안 연구한 역사가들의 작품을 참고해 볼 수도 있다. 그 역사가들은 바스크 사람일 수도, 스페인 사람일 수도 또는 외국 사람일 수도 있으며, 그들이 제시하는 시각 역시 그 사건을 대하는 그들의 입장과 거리에 따라 매우 다양할 수 있다. 누군가는 그 사건에 훨씬 더 많이 관련되어 있을 수 있고, 그보다는 훨씬 더 열렬한 관심을 가진 사람일 수 있으며, 그에 비해 다른 이는 그에 별 관심이 없는 자일 수도 있기 때문이다.

마지막으로, 몇몇 예술 작품을 살펴볼 수도 있다. 여기에서 특별히 파블로 피카소가 그렸고 현재 스페인의 국립 소피아 왕비 미술센터에 소장되어 있는 유명한 그림 '게르니카'를 언급하고자 한다. 이 작품은 파괴된 도시에 대한 하나의 사진 - 충실한 재현 - 을 제공해 주지는 않는다. 다시 말해, 그 작품을 아무리 분석해도 그 사건으로 희생된 이가 얼마나 많은지를 도저히 알아낼 수 없다는 것이다. 그 작품은 사건 이전에 무슨 일이 있었는지, 또 그 사건의 원인들이 무엇이었는지에 대해서도 전혀 말해 주지 않는다. 게다가 작품만으로는 실제로 무슨 일이 벌어졌는지조차 이해하기가 쉽지 않다. 단지 작품에서 우리는 시체들과 폐허, 몸과 몸의 일부분들, 파괴와 고통만을 볼 수 있을 뿐이다. 이 그림을 제대로 이해하고 싶다면, 사실상 게르니카의 역사에 대해 조금이라도 알아야 할 필요가 있다. 그럼에도 그 작품을 바라보는 자가 누구든지 간에, 그 작품이 전하고자 하는 메시지가 무엇인지는 즉시 느낄 수 있다.

사실상, 피카소는 일어난 사건에 대한 인간적 메시지, 즉 무시무시한 장면을 통해 끔찍한 일에 대해 인간이 느끼게 되는 충격과 공포를 전해 주고자 했다. 이 충격과 공포는 그 그림을 관람하는 자들에게 어떻게든 다양한 방식으로 전달될 것이다.

성경의 경우로 다시 돌아가서, 우리가 성경을 읽으며 그 안에서 무엇을 발견하고 있는지 스스로에게 물음을 던져 볼 수 있을 것이다. 사건에 대한 정확한 보고서인가? 눈으로 그 사건을 직접 목격한 자들의 증언이 담겨 있는 연대기인가? 역사가들의 작품인가? 혹은 예술 작품인가? 아마도 그 모든 것이 함께 섞여 있는 것이라고 말할 수 있을 것이다. 그러나 일반적으로 말해서, 예술 작품에 좀 더 가까운 것이라고 말하는 것이 옳겠다. 그리 세련되거나 정교하지 못한 이 작품들은 정확하게 말해서 대중적인 예술 작품에 속한다고 말할 수 있다. 그리고 이 작품들의 목적 역시 여타의 다른 예술 작품이 가지고 있는 그것과 동일하다. 일어난 사건에 대한 메시지의 전달이 바로 그것이다. 성경은 역사가들에게 사건에 대한 세부 정보들을 전달해 주는 데에 그리 큰 관심이 없다. 오히려 성경의 관심은 이 세상에서 자신의 운명이 무엇인지 깨닫고자 하는 한 백성의 양심과 의식을 형성시켜 주는 데 있다.

간략한 참고 문헌

'이스라엘 역사'를 다룬 책은 상당히 많이 있어 왔고, 지금 이 순간에 출판되고 있다. 그 책들은 대부분 서로 다른 방법론을 따르고, 때문에 가끔씩 서로 모순되는 결과에 이르기도 한다. 특히 1970년대 이후 수많은 학자가 그동안 '이스라엘 역사'를 연구해 온 자세, 즉 단순히 성경 본문을 자세히 설명하거나, 고대의 비문이나 고고학의 다른 발견들의 도움으로 그러한 해석이 유효하다고 확인하는 것에 만족하던 그간의 연구에 의문을 제기하기 시작했다. 과거에 '이스라엘 역사'를 다룬 전통적인 교재로 – 물론 오늘날 이 교재의 많은 부분이 사실과 다르다는 것이 증명되었다 – 베르너 켈러(Werner Keller)의 *La Bibbia aveva ragione*(Garzanti, Milano 1956, 2007)를 들 수 있다. 이 책의 원작은 독일어로 쓰였으며, 그 책의 제목은 다음과 같다. *Und die Bibel hat doch Recht. Forscher beweisen die Wahrheit des Alten Testaments* (Econ, Düsseldorf 1955; Köln [Colonia], Naumann

& Göbel 2002). 실제로 이 책은 적어도 24개 언어로 번역된 진정한 베스트셀러 중의 하나였다. 그리고 이 책이 여전히 자신의 위치를 굳건하게 지키고 있는 것처럼 보이기도 한다. 이 책의 "빈약한 신뢰성"(쟌 프랑코 라바시 추기경이 *Il Sole 24 ore*에서 한 말)에도 불구하고, 2007년에 재판되었기 때문이다. 현시대에 제기되고 있는 '이스라엘 역사'에 관한 문제점에 대해서는 아래의 책을 참고할 수 있다.

Wiliamson, Hugh G. M. (ed.), *Understanding the History of Ancient Israel*(Proceedings of the British Academy 143; Oxford University Press, Oxford 2007).

Castel, François, *Storia d'Israele e di Giuda dalle origini al II secolo d.C.*(Edizioni Paoline, Cinisello Balsamo[Milano] 1987).

Finkelstein, Israel - Silberman, Nell Asher, *Le tracce di Mosè. La Bibbia tra storia e mito*(Carocci, Roma 2002).

Garbini, Giovanni, *Storia e ideologia nell'Israele antico*(Paideia, Brescia 1986).

Garbini, Giovanni, *Mito e storia nella Bibbia*(Studi biblici 137; Paideia, Brescia 2003).

Garbini, Giovanni, *Scrivere la storia d'Israele*(Biblioteca di storia e storiografia dei tempi biblici; Paideia, Brescia 2008).

Fohrer, Georg, *Storia d'Israele dagli inizi ad oggi*(Biblioteca di cultura religiosa 34; Paideia, Brescia 1980).

Herrmann, Siegfried, *Storia d'Israele. I tempi dell' Antico Testamento* (Strumenti 6; Queriniana, Brescia ²1979).

Kaswalder, Pietro Alberto, "L'archeologia e le origini d'Israele", *RivBibIt* 41(1993) 171-188.

Kaswalder, Pietro Alberto, *Onomastica Biblica. Fonti scritte e ricerca archeologica*(Studium Biblicum Franciscanum. Collectio minor 40; Franciscan Printing Press, Jerusalem 2002).

Liverani, Mario, *Oltre la Bibbia. Storia antica di Israele*(Laterza, Roma - Bari 2003, 2007).

Mazzinghi, Luca, *Storia di Israele dalle origini al periodo romano*(Studi biblici 56; EDB, Bologna 2007).

Noth, Martin, *Storia d'Israele*(Biblioteca di cultura religiosa 25; Paideia, Brescia 1975).

Ricciotti, Giuseppe, *Storia d'Israele*. Presentazione di Paolo Sacchi. Introduzione di Achille Erba(Religione; Società Editrice Internazionale, Torino 1997). Prima edizione: *Storia d'Israele.* V. 1: *Dalle origini all'esilio.* V. 2: *Dall'esilio al 135 dopo Cristo*(Studi superiori; Società

Editrice Internazionale, Torino 1932-34).

Ska, Jean-Luois, "La Bibbia fra storia e mito", *Rassegna di Teologia* 44(2003) 133-139[recensione del libro di Finkelstein-Silberman, *Le tracce di Mosè*].

Soggin, Jan Alberto, *Storia d'Israele. Introduzione alla storia d'Israele e Giuda dalle origini alla rivolta di Bar Kochbà*(Biblioteca di cultura religiosa 44; Paideia, Brescia ²2002).

고대의 역사 기술에 대해서는 아래의 책을 참고하라.

Finley, Moses I., *Probelmi e metodi di storia antica*(Biblioteca Universale 487; Laterza, Roma - Bari 1998).

Marrou, Henri-Irénée, *Teologia della storia*(Già e non ancora 46; Jaca Book, Milano 1979).

Momigliano, Arnaldo, *Contributi alla storia degli studi classici*(Storia e letteratura. Raccolta di studi e testi; Edizioni di Storia e Letteratura, Roma 1955-1992)[sono previsti 12 volumi di cui 9 sono già stati pubblicati].

간략한 연대표

고대 근동

- 이집트

  람세스 2세(기원전 1304-1238)

  메르네프타(기원전 1238-1209) - 메르네프타 비문(기원전 1233)

  시삭 1세(기원전 950-929) : 팔레스티나로 원정을 떠난다.

- 아시리아

  살만에세르 3세(기원전 858-824) : 시리아-팔레스티나로 원정을 떠난다. 그 지역의 작은 왕국들의 동맹과 카르카르에서 전투(기원전 853)를 벌인다.

- 모압

  메사 - 메사 비문(기원전 840년경)

- 다마스쿠스

  하자엘, 다마스쿠스 임금 벤 하닷을 살해하고 왕위에 오른다. 아시리아와 계속 전투를 벌이다 살만에세르 3세에게 패배(기원전 841)한다.

단 비문 (기원전 840년경)

• 아시리아

살만에세르 3세가 이스라엘 임금 예후로부터 조공을 받는다(기원전 841).

아다드 니라리 3세(기원전 810-783)가 이스라엘 임금 여호아스로부터 조공을 받는다.

티글랏 필에세르 3세(기원전 747-727)가 시리아 팔레스티나로 원정을 떠난다. 특히 필리스티아인들(기원전 734)과 북이스라엘(아마도 기원전 733) 그리고 다마스쿠스(아마도 기원전 732)를 상대로 전쟁을 벌인다. 기원전 729년에 풀(Pul)이란 이름으로 바빌론 임금이 되었으며, 유다 임금 아하즈에게 조공을 받는다.

살만에세르 5세(기원전 726-722)가 이스라엘을 공격하고, 사마리아를 포위하기 시작한다(기원전 722/721).

사르곤 2세(기원전 721-705)가 이스라엘의 수도 사마리아를 점령했다고 주장한다(기원전 722/721). 라피아에서 이집트 군대를 격파한다(기원전 720). 아스돗(필리스티아인들의 성읍)을 점령한다(기원전 711).

• 바빌론

므로닥 발아단이 아시리아의 지배에서 벗어나기 위해 기원전 721년에서 711년 사이에 반란을 일으킨다. 산헤립의 통치 시절에 다시 반란을 일으켰는데, 기원전 702년 산헤립에게 패배한다.

- 이집트

에티오피아인 파라오가 이집트를 다스린다(기원전 715?-696). 기원전 690년경 티르하카가 아버지와 함께 이집트를 통치하다가 기원전 685년에 이집트의 파라오가 되어 기원전 664년까지 다스린다. 기원전 701년 엘트케에서 산헤립에게 패배한다.

- 아시리아

산헤립(기원전 704-681) : 기원전 701년 시리아 팔레스티나의 왕국들을 상대로 출정한다. 특히 유다 임금 히즈키야를 상대로 전쟁을 벌여 예루살렘을 포위한다.

이스라엘 왕국(북 왕국)

- 오므리(기원전 886-875)

북 왕국 이스라엘의 수도 사마리아를 건설한다.

- 아합(기원전 875-853)

반反 아시리아 동맹의 일원으로 카르카르 전투에 참여한다.

- 예후(기원전 841-814)

쿠데타를 일으켜 오므리 왕조로부터 권력을 빼앗는다. 2열왕 9장에 의하면, 예후는 아합의 손자인 이스라엘 임금 요람과, 요람의 충신이었을 유다 임금 아하즈야를 살해한다. 그러나 단 비문에는 다마스쿠스 임금 하자엘이 위의 두 임금을 죽였다고 적혀 있다. 아마도 단 비문이 말하듯 하자엘이 요람과 아하즈야을 패배시켰을 때, 예후가 왕좌를 차지할 수 있는 이 좋은 기회를 잘 이용한 것으로 보인다. 예후는 통치 초기인 기원전 841년에 아시리아 임금 살만에세르 3세에게 조공을 바친다.

- 여호아스(기원전 803-787)

통치 초기인 기원전 803년에 아다드 니라리 3세에게 조공을 바친다.

- 예로보암 2세(기원전 787-747)

이스라엘 왕국이 번영하던 시기였다. 이 시기에 예언자 아모스와 호세아가 활동한 것으로 보인다.

- 므나헴(기원전 746-737)

통치 마지막 해인 기원전 737년에 티글랏 필에세르 3세에게 조공을 바친다.

- 페카(기원전 735-732)

- 호세아(기원전 732-724)

이스라엘의 마지막 임금. 이집트에 도움을 요청하지만, 수도 사마리아가 포위되기 시작해서 기원전 722/721년에 함락된다.

유다 왕국(남 왕국)

- 르하브암(기원전 933-916?)

솔로몬 임금의 아들이며, 이집트의 시삭에게 조공을 바친다.

- 기원전 740년에서 700년경 사이

예언자 미카와 이사야의 활동 시기로 보인다.

- 아하즈(기원전 735-716?)

이스라엘 임금, 페카(기원전 735-732)와 다마스쿠스 임금 르친에 대항하여 티글랏 필에세르 3세와 동맹을 맺고, 그에게 조공을 바친다(이사 7,1-9; 8,5-8 참조). 아하즈의 아들 히즈키야가 아마도 기원전 728년부터 통치에 참여했을 것이다.

- 히즈키야(기원전 716-687)

바빌론의 므로닥 발아단과 접촉하였고, 도성 예루살렘을 요새화했으며, 실로암 못에 지하 수로를 뚫어 기혼 샘의 물을 도성 안으로 끌어들인다(실로암 비문). 그러나 기원전 701년 예루살렘은 산헤립에 의해 포위되고, 히즈키야는 산헤립에게 조공을 바침으로써 도성의 파멸을 모면한 것으로 보인다. 이 시기에 이사야 예언자가 활동한다.

인간의 이야기에 깃든
하느님의 말씀

서울대교구 인가: 2015년 10월 5일
초판 1쇄 펴낸 날: 2016년 5월 5일
초판 2쇄 펴낸 날: 2016년 11월 28일
지은이: 장 루이 스카
옮긴이: 박문수
펴낸이: 조현영
펴낸곳: 성서와함께
06910 서울시 동작구 흑석로13길 7
Tel (02) 822-0125~7 / Fax (02) 822-0128
http://www.withbible.com
e-mail: order@withbible.com
등록번호 14-44(1987년 11월 25일)

한국어 저작권 ⓒ 2016 성서와함께
성경 ⓒ 한국천주교중앙협의회 2005

ISBN 978-89-7635-307-8   93230

이 도서의 국립중앙도서관 출판예정도서목록(CIP)은
서지정보유통지원시스템 홈페이지(http://seoji.nl.go.kr)와
국가자료공동목록시스템(http://www.nl.go.kr/kolisnet)에서
이용하실 수 있습니다. (CIP제어번호 : CIP2016010971)